HAMBURG

Texte

Eckart Kleßmann

Fotos

Wolfgang Kunz

POMP

Impressum

Die Deutsche Bibliothek – CIP-Einheitsaufnahme	**Hamburg** / Texte Eckart Kleßmann. Fotos Wolfgang Kunz. [Hrsg.: Eckart Kleßmann. Übers. Engl. Karin Fischer. Übers. Span. Tomás Stefanovics]. - 2. Aufl. - Bottrop ; Essen : Pomp, 1999 ISBN 3-89355-111-5
Copyright	© 1995 Verlag Peter Pomp, Bottrop · Essen 2. Auflage 1999
Texte und Herausgeber	Eckart Kleßmann
Fotos	Wolfgang Kunz
Übersetzung Englisch	Karin Fischer, Köln
Übersetzung Spanisch	Dr. Tomás Stefanovics, München
Grafik Design	Miriam Willnat, Bad Wildungen
Lithografie	Repro Wuchert Computer Publishing GmbH, Bochum
Druck	Druckerei und Verlag Peter Pomp GmbH, Bottrop
ISBN	3-89355-111-5
	Alle Rechte vorbehalten
Umschlag vorn	Landungsbrücken
Umschlag hinten	alte Fischauktionshalle, Altonaer Fischmarkt

△ Der Hamburger Bildhauer Richard Kuöhl schuf 1926 den keramischen Bauschmuck für das von Fritz Schumacher entworfene Gebäude der Finanzbehörde am Gänsemarkt.

Inhalt

HAMBURG

1. Keine Urkunde verzeichnet das Geburtsjahr Hamburgs, keine Urkunde bezeugt seine Stadtrechte, und das einzige Dokument, das Auskunft gibt über die Gründung des Hafens und alle damit verbundenen Privilegien, ist gefälscht. Da aber Hamburg nun einmal ganz unzweifelhaft seit über tausend Jahren existiert und sich allen Katastrophen zum Trotz alles höchst lebenskräftig erwiesen hat, konnte es die Hamburger nie so besonders interessieren, ob ihre Existenz durch Papiere bestätigt wird. Die Stadt und ihre Menschen waren und sind sehr lebendig, und Traditionen gedeihen auch ohne Urkunde.

Traditionen zu hegen und zu pflegen und sich ihrer bewußt zu sein, hat man den Hamburgern gern abgesprochen. Immer wieder wird Alfred Lichtwarks zorniges Wort von der „Freien und Abrißstadt" zitiert, und noch weitaus länger wird der anklagend ausgestreckte Zeigefinger, wenn die zwischen 1804 und 1807 vorgenommene Zerstörung des Doms zur Sprache kommt. Und dann die Stadtviertel mit den prächtigen Barockhäusern, die Ende des 19. Jahrhunderts dem Ausbau des Freihafens geopfert wurden. Und schließlich die malerischen Gängeviertel der Spitzhacke preisgegeben. Fakten oder Vorurteile? Barbarei oder Notwendigkeit? Ist das etwa die Hamburger Tradition, die Tradition zu verschleudern? Davon wird noch zu reden sein.

Nicht Urkunden, wohl aber die genauen Untersuchungen der Archäologen geben Auskunft über Hamburgs Ursprünge. Schon in der Mittleren Steinzeit haben Menschen auf dem Areal des späteren Hamburg gesiedelt. Zu Beginn des 9. Jahrhunderts ließen sich dann hier für wenige Jahre die slawischen Obotriten nieder, danach entstand auf ihrem Siedlungsplatz eine fränkische Befestigung zur Zeit Karls des Großen, indes die Obotriten in ihr Ursprungsland Ostholstein zurückkehrten.

Wann nun genau auf diesem alten Siedlungsgelände die Hammaburg entstand, der die Stadt ihren Namen verdankt, haben auch archäologische Untersuchungen nicht ermitteln können. Vor 832 wird die Hammaburg zwar nicht namentlich genannt, sie könnte aber sehr wohl schon um 808 gegründet worden sein, nur läßt sich das nicht beweisen. Erzbischof Ansgar errichtete innerhalb der alten Fortifikation eine Missionsstation mit einer hölzernen Taufkirche. Das Areal der Hammaburg von der Größe eines Hektars wurde von einem sechs bis sieben Meter hohen Erdwall umschlossen, den ein etwa sieben Meter breiter und zwei Meter tiefer Graben umgab. Hier mögen etwa vierzig bis fünfzig Menschen gewohnt haben.

Westlich der Hammaburg befand sich eine Handelssiedlung (Wik), die von Kaufleuten, Handwerkern und Fischern bewohnt wurde. Lange konnten die Menschen hier nicht in Frieden leben. Denn im Sommer 845 überfielen Wikinger die Hammaburg und brannten sie nieder. Zu den wenigen, die durch Flucht ihr Leben retten konnten, gehörte Erzbischof Ansgar, der nun seinen Sitz nach Bremen verlegte. Im Gegensatz zur Handelssiedlung wurde die Hammaburg nicht wieder aufgebaut. An ihrer Stelle wurde später der Dom errichtet, nach dessen Abriß das Johanneum (1841), und nachdem dessen Gebäude 1943 durch Bomben zerstört wurde, blieb die Fläche wüst und leer. Daß Hamburgs Keimzelle seither ein schnöder Parkplatz geworden ist, hat viel Ärger und Unverständnis bewirkt, vor allem, als 1986 nach erfolgter Grabung das Freigelegte wieder zugeschüttet wurde und die Autos dorthin zurückkehren durften. Der Grund liegt darin, daß bis heute niemand so recht weiß, wie dieser Platz seiner Geschichte würdig zu bebauen und zu gestalten ist und wer die Lasten der Finanzierung trägt. Da ist es besser, in Ruhe auf eine überzeugende Lösung zu warten.

Die Stadt wuchs. Um 900 entstand das Handwerkerviertel, an dessen Existenz noch heute Namen wie Schmiedestraße, Knochenhauertwiete oder Pelzerstraße erinnern. Die begüterten Kaufleute wohnten in der Reichenstraße auf einer nach 850 besiedelten Marscheninsel. In Frieden konnten auch sie nicht leben: 915 brannten Sachsen den Ort nieder, 983, 1066 und 1072 die Obotriten. Aber die Hamburger bauten unverdrossen wieder auf, und sie bekamen mächtigen Schutz. Bis 1106 wachte das Geschlecht der Billunger über die Stadt, dann kamen die Grafen von Schauenburg. Sie gründeten 1188 die Hamburger Neustadt, und ihnen gewährte Kaiser Friedrich Barbarossa ein Jahr später jenen Freibrief mit dem Datum 7. Mai 1189, der heute als Hafengeburtstag gefeiert wird, auch wenn er nicht so ganz original ist. Das vom Kaiser den Hamburgern gewährte Recht auf freien Handelsverkehr und Zollfreiheit wird, wie damals üblich, wohl mündlich zugesagt worden sein; die dazu gehörende Urkunde schrieben sich die Hamburger später selber, und wenn dieses Dokument auch nicht echt ist, so dürfte der Inhalt wohl im wesentlichen dem entsprechen, was der Stadt 1189 zugestanden worden war, kleinere Nachbesserungen zugunsten Hamburgs eingeschlossen.

Immer wieder hatten sich die Schauenburger, Hamburgs Schirmherren, feindlicher Angriffe zu erwehren, vor allem entwickelten sich die Dänen zu gefährlichen Gegnern. Und war es nicht der Mensch, der Hamburg bedrohte, so tat es die Natur mit zwei gewaltigen Sturmfluten 1164 und 1219. Dessen unbeschadet wuchs die Stadt weiter, und ging es auch noch sehr langsam, so nahm sie doch an Größe und Wohlstand zu. Die Orte innerstädtischen Handels waren der Alte Fischmarkt, wo die Fischer ihren Fang verkauften, und der Neue Markt (heute Hopfenmarkt) in der Neustadt. Ein neuer Hafen am Nikolaifleet löste den ursprünglichen, am später zugeschütteten Reichenstraßenfleet, ab. Das Stadtgebiet wurde im Westen von der Alster, im Süden vom Gröningerstraßenfleet (heute Ost-West-Straße) begrenzt. Ursprünglich reichte die Besiedlung sogar bis ins heutige Freihafengelände, aber dieses Gebiet mußte wegen der Überschwemmungsgefahr aufgegeben werden.

Die Grimm- und Cremon-Inseln dienten noch als Weideland für das Vieh der Bürger, erst um 1230 begann hier die Bebauung. Die Häuser der Stadt wurden aus Holz errichtet; Steine als Baumaterial herbeizuschaffen wäre viel zu kostspielig gewesen. Auch der Dom in der Altstadt war zunächst noch aus Holz; erst 1248 wurde der Grundstein zu jenem aus Backsteinen errichteten Dom gelegt, der bis 1804 stehenblieb. Das Domkapitel beherrschte die Altstadt, die Grafen von Schauenburg die Neustadt. Aber 1216 wurden Alt- und Neustadt vereinigt und das erste Rathaus an der Trostbrücke gebaut. Das Areal des Doms aber blieb dem Domkapitel unterstellt und war bis 1803 exterritoriales Gebiet mitten in der Stadt und damit Quelle jahrhundertelangen Ärgers. Der Erzbischof – seit Ansgars Flucht 845 in Bremen ansässig – verlegte erst 1223 offiziell seinen Amtssitz ganz nach Bremen. Um 1230 bekam die Stadt, die jetzt vier Kirchspiele umfaßte, eine neue Befestigung mit Ziegelmauern. Für das Erscheinungsbild Hamburgs aber weitaus gravierender wurde ein gleichfalls um 1230 zwischen Bergstraße und Gänsemarkt (in ihren heutigen Bezeichnungen) aufgeschütteter Damm zur Stauung der Alster, um hier Mühlen zu betreiben. Durch diesen Damm bildeten sich nun Binnen- und Außenalster, um deren Wasser Hamburg heute längst hinausgewachsen ist, die aber für Jahrhunderte die Grenze schufen.

Auch wenn die eigentlichen Herren Hamburgs die Grafen von Schauenburg waren: Regiert wurde die Stadt jedoch von einem Rat, der sich als Vertretung der Bürger gegenüber den Grafen verstand – dreißig Mitglieder aus Vertretern der Kaufmannschaft und des Handwerks, denen zwei Bürgermeister präsidierten. Nur Rechte im Zoll-, Münz- und Gerichtswesen hatten sich die Grafen vorbehalten, sie verlangten nicht einmal Steuern.

Die Stadt zählte etwa fünftausend Einwohner, als am 5. August 1284 eine Feuersbrunst Hamburg verwüstete. Und wieder erstand die Stadt neu, dank der unerschöpflichen Energie ihrer Bewohner und ihrer wirtschaftlichen Kraft, die nicht zuletzt aus der Zugehörigkeit zur Hanse resultierte.

Seit dem 11. Jahrhundert gab es dieses Bündnis schon in Ansätzen (Hanse=Gemeinschaft); zu einem Städteverbund kam es zweihundert Jahre später, und es entstand eine Wirtschaftsgemeinschaft von imponierender Kraft und Größe, die sich zugleich als militärische Allianz verstand, deren Schlagkraft vor allem die Dänen zu spüren bekamen.

Mit denen hatten die Hamburger sehr lange ihre besonderen Probleme. Immer wieder erhob Dänemark Anspruch auf die Stadt, denn mit dem Tod des kinderlosen Grafen von Schauenburg 1459 fiel Schleswig-Holstein an seinen Neffen, König Christian I. von Dänemark, der sich nun auch Herzog von Schleswig und Graf von Holstein nennen durfte (Holstein wurde 1474 Herzogtum). König Christian verlangte nun von Hamburg die Huldigung, also die förmliche Anerkennung als rechtmäßiger Herrscher, aber die Hamburger verwiesen geschickt den König auf die Tatsache, daß sie ja niemals den Schauenburgern den Huldigungseid geleistet hatten und dies auch bei deren Nachfolger nicht zu tun gedächten. König Christian mußte das akzeptieren, denn Gewaltanwendung gegen die Stadt hätte augenblicklich die ganze Hanse gegen ihn mobilisiert. Doch auch die Erhebung in den Status einer Freien Reichsstadt 1510 durch Kaiser Maximilian I. schützte Hamburg nicht vor dänischer Begehrlichkeit.

Einen wirksamen militärischen Schutz vor Übergriffen bot, nach dem Zerfall der Hanse, erst die gewaltige Fortifikation, die der holländische Festungsbaumeister Johann van Valckenburgh schuf. Zwischen 1616 und 1626 machte er aus Hamburg die bestbefestigte Stadt Deutschlands, die auch den sonst so erfolgreichen Feldherren des Dreißigjährigen Krieges Tilly und Wallenstein zu trotzen vermochte.

Diese Befestigung mit neun Meter hohen befahrbaren Wällen und 21 artilleriebestückten Bastionen mit 167 (im Kriegsfall gar 295) Geschützen, umschlossen von einem breiten und tiefen Wassergraben, wurde erst zu Beginn des 19. Jahrhunderts abgetragen, aber ihr Grundriß ist noch heute auf dem Stadtplan gut zu erkennen. Erhalten geblieben sind die alten Bastionsbezeichnungen wie „Ericus" und „Johannisbollwerk"; Reste des alten Wallgrabens sind noch am Holstenwall zu erkennen, vor allem aber auch am Hauptbahnhof, dessen Gleiskörper im ehemaligen Befestigungsgraben liegt. In Valckenburghs Fortifikationsgürtel wurde nun auch die Binnenalster einbezogen, die zur Außenalster nur noch einen dreißig Meter breiten Durchlaß besaß, der von einer hölzernen Brücke überspannt wurde. Und da in die Bastion Diedericus (sie befand sich an der Stelle der heutigen Esplanade) ein Pfandhaus – „Lombard" – eingebaut wurde, erhielt diese hölzerne Brücke den Namen Lombardsbrücke.

2. Was wäre Hamburg ohne seinen Hafen? Es scheint, als müßte man das als eine ziemlich überflüssige Frage ansehen, aber die Anfänge der Stadt zeigen, daß Hamburg nicht als Hafenstadt begonnen hat, und die Gegenwart lehrt uns, daß – bei aller Bedeutung des Hafens – die wirtschaftliche Zukunft Hamburgs zu einem guten Teil unabhängig geworden ist vom Hafen.

Eine hölzerne Schiffslände besaß schon die Hammaburg; sie befand sich im Bereich des späteren, 1877 zugeschütteten Reichenstraßenfleets und ist der älteste Hafen Hamburgs. Später, bei wachsendem Handel, wurde er in das Nikolaifleet verlegt und im 13. Jahrhundert schließlich, als das Fleet die größer werdenden Schiffe nicht mehr aufnehmen konnte, in die Elbe. Von hier aus gelangten die Waren von den Hochseeschiffen auf Booten durch die vielen Fleete zu den Kaufmannshäusern, die bis ins 19. Jahrhundert hinein noch Speicher und Wohnhaus zugleich waren. Dort wurden die Waren mit Kränen hochgezogen, und die zum Export bestimmten auf gleichem Weg zurückbefördert.

Über den Handel Hamburgs im Mittelalter sind wir nur lückenhaft informiert. Fischer, Handwerker und Kaufleute bewohnten die Stadt. Es gab einen Handel mit importierten Gefäßen rheinischer und norwegischer Herkunft; exportiert wurde über den Hafen schon sehr früh Getreide. Im 14. Jahrhundert entwickelte sich das Hamburger Bier zum wichtigsten Artikel des heimischen Exports. Von dem in 450 Brauereien gebrauten Bier (etwa 170.000 Tonnen jährlich) ging etwa ein Drittel in den Export nach England, Portugal, Rußland, in die Niederlande und Flandern.

Dank der günstigen Elblage entwickelte sich Hamburg zum wichtigsten Umschlagplatz im Transithandel, und der brachte das meiste Geld in die Stadt. Leinwand und Tuche aus dem Binnenland gingen entweder direkt ins Ausland oder wurden als Rohmaterial in Hamburg verarbeitet und dann ausgeführt. Aus den östlichen Ländern (Polen, Baltikum, Rußland) kamen Bienenwachs (für die Kerzenherstellung) und Pelze, von der Oberelbe Holz, aus dem Harz Kupfer, aus Schweden Eisen. Lüneburger Salz wurde in Hamburg gebraucht für die Konservierung von Heringen aus Schonen, ging aber auch in den Export nach Rußland. Eingeführt wurden Öl, Reis, Gewürze und Wein. Als sich Hamburg im 13. Jahrhundert mit anderen Handelsstädten zur Hanse zusammenschloß, war die Stadt schon eine bedeutende Handelsmetropole, die man sich im Erscheinungsbild allerdings sehr bescheiden vorzustellen hat.

In den ersten Jahrhunderten bestand der Ort aus niedrigen hölzernen Ständerbauten mit lehmverputztem Flechtwerk. Wie allgemein üblich, lagen neben den Wohnungen die Stallungen für Kühe, Ziegen, Schafe und Schweine, die der Gemeindehirt morgens zum Weiden auf die Grimm- und Cremon-Insel führte, später – nach deren Bebauung – auf Bürger- und Moorweide, und abends den Eigentümern wieder zurückbrachte. Auch der Grasbrook war Weideland. Im 13. Jahrhundert, als die ersten großen Kirchen und Klöster erbaut wurden, wählte man dazu den Fachwerk- und Ziegelbau. Nur die im 11. Jahrhundert errichtete Residenz des Erzbischofs Bezelin Alebrand – eine zweigeschossige Fluchtburg in Gestalt eines Turms – war ganz aus Steinen gemauert (deswegen auch Steinernes Haus genannt); ihr Fundament wurde 1962 am Speersort entdeckt. Als dieser

Turm im 13. Jahrhundert abgebrochen wurde, verwendete man sein Material zur Pflasterung der Steinstraße, daher der Name. Denn Steine waren in Hamburg selten und somit teuer; erst spät errichteten sich einige Reiche Häuser ganz aus Stein, weswegen man sie „steinreich" nannte. Alte Fotos bezeugen, daß noch bis zur Zerstörung des alten Hamburg 1943 durch Bombardierung ganze Straßenzeilen aus Fachwerkbauten bestanden haben.

Die Ziegel, mit denen man seit dem 13. Jahrhundert die Gefache füllte (statt des früher verwendeten lehmverputzten Flechtwerks), stellte man in Hamburg in zwei städtischen Ziegeleien her; die eine befand sich auf dem Borgesch in St. Georg (heute Hansaplatz), die andere lag vor dem Millerntor. Den Kalk für den Mörtel lieferte Segeberg auf Lastkähnen, die über Fleete und Kanäle die Brennereien erreichten. Eine der größten war der Kalkhof beim Gänsemarkt auf dem Gelände der heutigen Staatsoper; die Theaterstraße markiert heute noch deutlich den Verlauf des Kanals, der von der Außenalster zum Kalkhof führte.

Trotz des wachsenden Handels entwickelte sich Hamburg langsam. Genaue Einwohnerzahlen gab es damals noch nicht. Denn wenn auch jedes Kirchspiel die Zahl seiner Gemeindemitglieder kannte, so galt die genaue Einwohnerzahl einer Stadt schon allein deshalb als Geheimnis, weil ein potentieller Feind daraus Rückschlüsse auf die Wehrhaftigkeit hätte ziehen können. Dennoch wird man sagen dürfen, daß Hamburg um 1300 ungefähr 5.000 Einwohner zählte, deren Zahl sich um 1350 etwa verdoppelt hatte, und 1500 – also 150 Jahre später – gerade erst ungefähr 14.000 erreichte. Daß diese Zahl so niedrig lag, verursachten vier schwere Epidemien (vor allem Pest und Pocken), die viele Opfer forderten, und außerdem die damals übliche hohe Kindersterblichkeit. Daß die Einwohnerzahl nicht noch viel drastischer zurückging, lag einzig an der starken Zuwanderung durch Friesen, Niederländer, Niedersachsen und Mecklenburger.

Die wiederholt die Stadt heimsuchenden Seuchen waren das Ergebnis mangelnder Hygiene, was niemanden wundert, wenn man die unglaubliche Schmutzigkeit der Stadt bedenkt. Abfälle und Fäkalien kippte man in Hamburg – wie auch andere Städte ohne Kanalisation und Müllabfuhr – in die Fleete, in denen man nicht nur die Wäsche wusch, sondern aus denen man auch das Trinkwasser und das Wasser zum Bierbrauen holte. Zwar war der Mißbrauch der Fleete als Mülldeponie verboten, denn die Stadt besaß eine eigene am Meßberg (=Mistberg), aber wer wollte die Einhaltung der Vorschriften kontrollieren? Wo es keine Fleete gab, leerte man jeden Morgen Hunderte von Nachttöpfen auf die Straßen, in denen sich auch zahlreiche Schweine tummelten, die im Müll wühlten. Bis zum Ende des 14. Jahrhunderts war es noch dem Einzelnen freigestellt, wieviele Schweine er in seinem Haus halten wollte. Angesichts solcher Zustände ging der Bürger bei Dunkelheit nur höchst selten aus und war dann durch ein Gesetz verpflichtet, eine brennende Laterne mit sich zu führen, denn eine öffentliche Straßenbeleuchtung gab es noch nicht. Sie wurde aber in Hamburg weitaus früher eingeführt als in anderen Städten. Die ersten Straßenlaternen brannten 1476 an Reimers- und Trostbrücke; um die Mitte des 17. Jahrhunderts waren es schon tausend.

Hatte sich Hamburg in seinen Anfängen nach Alster und Bille orientiert, so wuchs die Stadt nun immer mehr der Elbe zu, was mit dem wachsenden Ausbau des Hafens und seiner enormen Bedeutung für die Wirtschaft des Gemeinwesens zusammenhing. Hamburg hatte die Insel Neuwerk und das Amt Ritzebüttel erworben (zur Sicherung der Elbschiffahrt) und um die Mitte des Jahrhunderts begonnen, seinen Hafen mächtig zu erweitern. Die Zeit, als die Stadt gleichsam nur Lübecks Nordseehafen zu sein schien, war im 16. Jahrhundert vorbei. Zu lange hatte Lübeck am Ostseehandel festgehalten und sich gleichzeitig innen- wie außenpolitisch wenig geschickt verhalten. Hamburg bevorzugte den Nordseebereich als Handelsgebiet, kooperierte intensiv mit Island und Norwegen, setzte frühzeitig auf eine preisgünstige Verarbeitung von rohen Tuchen und gelangte mit konkurrenzlosen Billigtuchen auch in den Ostseehandel (zur Empörung Lübecks) und empfahl sich als krisenfeste Handelsstadt, dessen Transit immer größere Ausmaße annahm. Besonders wichtige Partnerstadt wurde jetzt Antwerpen, wohin Wein, Wolle, Leinen und Kupfer exportiert wurden, sowie Amsterdam, über dessen Hafen der Hamburger Getreideumschlag ging.

Nach Antwerpener Vorbild gründete Hamburg 1558 seine Börse und damit die erste Börse auf deutschem Boden. Zunächst fand diese Börse unter freiem Himmel statt, dann baute der Niederländer Jan Andresen aus Amsterdam von 1577 bis 1583 das erste Börsengebäude, das mehrfach umgebaut oder erneuert wurde (es befand sich an der Trostbrücke), bis 1841 Carl Ludwig Wimmel das bis heute bestehende Gebäude am Adolphsplatz errichtete.

△ Joachim Luhn der Ältere hat 1681 Hamburg von der Elbseite gemalt. Die grüne Insel vor der Stadt ist der Grasbrook, auf dem das Vieh der Hamburger weidet. Dahinter erhebt sich die mächtige Befestigungsanlage, von der die ganze Stadt – in ihr lebten damals etwa 60.000 Menschen – sicher umgürtet wird. Von links nach rechts erkennt man die Türme der Großen Michaeliskirche, der Nikolaikirche, der Katharinenkirche, der Petrikirche, des Doms und der Jacobikirche. Daß die drei

Der Freiheitskampf der Niederländer gegen die Spanier, der 1566 begann, führte zu einem Flüchtlingsstrom. Schon im Frühjahr 1567 kamen die ersten aus Antwerpen nach Hamburg, von der Bevölkerung mit Sympathie und Hilfsbereitschaft empfangen. Für Hamburgs Wirtschaft erwiesen sich diese Flüchtlinge – zumeist Kaufleute und hochqualifizierte Handwerker – als wahrer Segen. Schon 1530 waren Tuchscherer und Färber aus Antwerpen nach Hamburg gekommen, ohne deren Hilfe der Ausbau des hiesigen Tuchhandels gar nicht möglich gewesen wäre. Jetzt aber sammelten sich aus dem tuchverarbeitenden Gewerbe noch weitaus mehr Spezialisten in Hamburg und brachten Hamburgs Textilindustrie zur höchsten Blüte. Noch heute erinnert der Straßenname Caffamacherreihe daran, denn hier lebten und arbeiteten jene, die Caffa herstellten, ein aus Seide und Wolle verwebter samtartiger Stoff. Und die niederländischen Kaufleute brachten ihre Geschäftserfahrungen mit, wozu ganz neue, Hamburg bisher nicht erschlossene Handelswege und Handelsbeziehungen gehörten, wovon der Export der Stadt erheblich profitierte. Mit Rudolf Amsinck wurde 1619 der erste Niederländer in den Rat der Stadt gewählt. Zu dieser Zeit zählte Hamburg 42 große Handelshäuser, wovon 32 niederländisch waren, ja das Niederländische wurde in Hamburg Geschäftssprache und auch die Hamburger Kaufleute führten ihre Bücher in Niederländisch. So stand Hamburg vor Ausbruch des Dreißigjährigen Krieges in höchster Blüte, und wie erwähnt ist es ja auch ein Niederländer gewesen, dessen Festungskunst Hamburg eine Schutzwehr schuf, die für Sicherheit sorgte und den etwa 40.000 Einwohnern Geborgenheit vermittelte.

Während des ganzen Krieges, der Deutschland so nachhaltig verwüstete, ist Hamburg als eine Insel des Friedens und des Wohlstands unversehrt geblieben. Beschützt wurde die Stadt allerdings nicht allein von ihrer mächtigen Befestigung, sondern vielleicht sogar mehr noch von der Tatsache, daß alle kriegführenden Parteien der Hafenstadt für ihren Handel dringend bedurften, und nur in Hamburg konnte er ungestört verlaufen. Kein Wunder also, daß die Vorverhandlungen für einen dauerhaften Frieden zuerst 1636 und dann 1641 in Hamburg stattfanden, ehe er dann 1648 in Münster und Osnabrück unterzeichnet werden konnte.

3. Die politische Verfassung Hamburgs nahm eine Entwicklung, die sie von den anderen deutschen Städten schon frühzeitig unterschied. Neben dem Erzbischof gab es seit 966 den von König Otto I. als seinen ständigen Vertreter ernannten Herzog Hermann Billung, der dieses Amt auf seine Nachkommen vererben durfte. Anfangs verlief die Zusammenarbeit zwischen dem geistlichen und dem weltlichen Vertreter gut, doch im 11. Jahr-

Türme links einander ähneln, ist kein Zufall: Peter Marquard, einer der größten Turmbaumeister des 17. Jahrhunderts, hat sie errichtet: 1664/68 den von St. Michaelis, 1655/56 den von St. Nikolai und 1657/58 den von St. Katharinen. Die von 1616 bis 1626 von dem niederländischen Festungsbaumeister Johann van Valckenburgh geschaffene Verteidigungsanlage hatte für eine Erweiterung der Stadtbebauung Platz gelassen, so für das 1647 gegründete Kirchspiel von St. Michaelis, dessen Kirche 1678 in den Rang einer fünften Hauptkirche Hamburgs erhoben wurde; 1685 wurde dieses Kirchspiel denen der Altstadt gleichgestellt. Joachim Luhns Gemälde fand seinen Platz in der Ratsstube des alten Rathauses an der Trostbrücke. Als dieses beim Großen Brand von 1842 zerstört wurde, konnte das Bild gerettet werden. Heute hängt es in der Jacobikirche an der Steinstraße.

hundert kamen Spannungen auf. Als nun Erzbischof Bezelin Alebrand um 1035 sein bereits erwähntes „Steinernes Haus" erbaute, antwortete der Billunger Herzog Bernhard II. mit einer Befestigung, die später den Namen „Alsterburg" bekam, und sein Sohn Ordulf errichtete 1061 die nur noch im Straßennamen erhaltene „Neue Burg". Grabungen ergaben, daß sich die Alsterburg an der Südwestecke des heutigen Rathausmarktes befunden hat, die „Neue Burg" indes auf jenem Areal, auf dem sich später die Nikolaikirche erhob.

Die Billunger starben 1106 aus. Ihnen folgten die Grafen von Schauenburg, in deren Regierungszeit Altstadt und Neustadt vereinigt wurden (1216). Wie schon berichtet, wurde Hamburg aber nicht von den Grafen, sondern de facto von einem Rat regiert. Dieser Rat – erst im 19. Jahrhundert gab er sich die Bezeichnung „Senat" – bestand damals aus etwa 30 Mitgliedern, Vertretern von Kaufmannschaft und Handwerk. An seiner Spitze standen zwei Bürgermeister. Neben dem Rat gab es die Versammlung der „Wittigesten" (Weisesten); sie vertrat die Interessen der Bürger gegenüber dem Rat. Es ist erstaunlich, daß diese Konstruktion der Stadtregierung im Prinzip über die Jahrhunderte hindurch bis heute bestehen geblieben ist und sich bewährt hat. Allerdings gab es kein demokratisches Wahlrecht (das wurde erst 1919 eingeführt); Ratsherr (Senator) wurde man auf Lebenszeit, und bei einem Todesfall bestimmte allein der Rat den Nachfolger. Man blieb also ganz unter sich und duldete keine Außenseiter.

Doch im 15. Jahrhundert regte sich Unwillen unter den Bürgern über die Eigenwilligkeit des Rats, es kam zu Unruhen, die schließlich dazu führten, daß die Bürger eine eigene Vertretung durchsetzen konnten, für die jedes Kirchspiel – damals waren es noch vier – 20 bis 25 „erbgesessene Bürger" als Abgeordnete stellte. „Erbgesessen" bedeutete Haus- und Grundbesitz, ohne die damals niemand das Bürgerrecht bekam. Diese Bestimmung wurde später zwar gelockert, aber in der „erbgesessenen Bürgerschaft" blieben dennoch die Haus- und Grundbesitzer unter sich, was verhinderte, daß etwa revolutionär gesonnene Habenichtse hier Fuß fassen konnten. Die Besitzenden hielten fest zusammen und garantierten eine solide konservative Ordnung. Aus der Perspektive des Rats durfte man das als einen klugen Schachzug ansehen.

Erst in der zweiten Hälfte des 17. Jahrhunderts mehrten sich die Konflikte zwischen dem Rat und den verschiedenen Gremien der Bürgerschaft und eskalierten schließlich dermaßen, daß sich der Kaiser zur Schlichtung veranlaßt sah, was aber die Unruhen in der Stadt eher anheizte als dämpfte. Die Gewalt als Mittel politischer Auseinandersetzung nahm immer mehr zu, und als schließlich Hamburg an den Rand der Anarchie zu geraten drohte, verfügte der Kaiser 1708 die militärische Besetzung der Stadt durch Reichstruppen.

Aber erst nach vier Jahren der Besatzung und nach zähen Verhandlungen kam eine Verfassung zustande, die von allen Beteiligten akzeptiert wurde und – mochte sie auch unvollkommen sein – den inneren Frieden der Stadt für die nächsten zweihundert Jahre sicherte. Von nun an wurde Hamburg regiert von einem aus 32 Mitgliedern bestehenden Rat (4 Bürgermeister, 24 Ratsherren, 4 Syndici) und einer in drei Gremien gegliederten Erbgesessenen Bürgerschaft von insgesamt 180 Mitgliedern. Dieser Bürgerschaft wurde zwar nicht das Recht zugestanden, Gesetze einzubringen; sie konnte aber die vom Rat erlassenen Gesetze billigen oder ablehnen, durfte in Kollegien und Deputationen durchaus schöpferisch mitwirken und hatte über die Einhaltung der Verfassung zu wachen.

Von dieser politischen Mitwirkung blieb allerdings der größte Teil der Bevölkerung ausgeschlossen, aber ein allgemeines Wahlrecht existierte damals nirgends, und angesichts der Verhältnisse in den deutschen Fürstentümern versteht man, warum Hamburg den Ruf genoß, eine freiheitliche Stadt zu sein, in der man weitaus freier leben konnte als anderswo.

Nachdem nun endlich die innerstädtischen Unruhen Geschichte geworden waren, konnte die Stadt daran gehen, auch den jahrhundertealten Konflikt mit Dänemark zu beenden.

Als die Dynastie der Schauenburger mit dem Grafen Adolph VIII. 1459 ausstarb, fiel sein Land (das Herzogtum Schleswig und die Grafschaft Holstein, die 1474 Herzogtum wurde) an seinen Neffen, König Christian I. von Dänemark. Der verlangte nun von Hamburg die Huldigung, was die uneingeschränkte Anerkennung seiner Herrschaft bedeutet hätte, worin die Stadt aber die Preisgabe ihrer Selbständigkeit sah. Zwar konnte der Rat zunächst noch dank diplomatischem Geschick die geforderte Huldigung vermeiden, aber auch die Erhebung Hamburgs in den Status einer reichsfreien Stadt 1515 durch Kaiser Maximilian I. schaffte Dänemarks Ansprüche nicht vom Tisch. Militärische Bedrohung und wirtschaftliche Blockaden waren die Folge, und daß Hamburg überhaupt diesen Kampf bestand, hatte es einzig seinen Nachbarn zu danken, die durch Einspruch oder Drohung verhindern konnten, Hamburg den Dänen preiszugeben.

Zu Hilfe kam der wiederholt arg bedrängten Stadt der glückliche Umstand, daß sich der dänische Staat so hoch verschuldet hatte und nahe dem Staatsbankrott war. Es war der deutsche Graf Schimmelmann (seinen Adelstitel hatte er dem dänischen König zu danken), Dänemarks neuer Finanzminister (Schatzmeister), der zur Sanierung der dänischen Finanzen ein Konzept entwickelte, dessen Krönung der 1768 zwischen Dänemark und Hamburg unterzeichnete „Gottorper Vergleich" war. Er befreite Dänemark mit einem Schlag von den ungeheuren Schulden, die dieser Staat in Hamburg gemacht hatte, sicherte Hamburg wertvollen Grundbesitz, besonders im Bereich des Hafens, als Gegenleistung und brachte vor allem die langersehnte Anerkennung Hamburgs als eine kaiserliche Freie Reichsstadt, womit die dänischen Ansprüche endgültig aufgegeben wurden.

Heute fällt es schwer sich vorzustellen, daß Hamburger und Dänen einander jahrhundertelang als „Erbfeinde" betrachtet haben, und wenn man die Klauseln des „Gottorper Vergleichs" (der trotz seines Namens in Hamburger Stadtpalais Schimmelmanns unterzeichnet worden ist) betrachtet, so fragt man sich: warum nicht früher? Aber es gehört wohl zum Schicksal sogenannter Erbfeindschaften, daß sie sehr plötzlich und still zu Grabe getragen werden. Und warum so viele Menschen für diese Wahnvorstellung einer angeborenen Feindschaft ihr Leben lassen mußten, versteht später niemand mehr. In solchen Konflikten sind Schuld und Unschuld gleichmäßig verteilt, und sind sie einmal gelöst, erscheinen sie beiden Seiten nichtig.

Übrigens: Hamburg hätte das im „Gottorper Vergleich" Gewonnene schon 1650 und finanziell weitaus günstiger haben können, denn es gab ein entsprechendes dänisches Angebot. Aber damals verhinderte die Erbgesessene Bürgerschaft jedweden Kompromiß, um dem Rat zu schaden: zum Schaden Hamburgs. Machtdenken und Prestigebewußtsein verhinderten politische und wirtschaftliche Vernunft. Gewiß, Geschichte wiederholt sich nicht. Aber es gibt in ihr offenbar Konstellationen, die zeitlos gültig zu sein scheinen.

4. Hamburgs Entwicklung vom Wik zur Weltstadt ist reich an Katastrophen, die oft genug die Stadt bis an den Rand ihrer Existenz gebracht haben. Doch immer wieder hat dieses Gemeinwesen überdauert, und immer wieder sind auf die Verwüstungen blühende Jahre gefolgt. Dennoch ist das Stadtbild nachhaltig verändert worden, haben die Verheerungen deutliche Spuren hinterlassen.

Erwähnt wurden die Verwüstungen der Jahre 845, 915, 983, 1066 und 1072. In welchem Maße die schwere Sturmflut vom 26.2.1164 Hamburg unmittelbar betraf, ist nicht bekannt. Es folgte die verheerende Feuersbrunst vom 5.8.1284, die angeblich nur ein einziges Haus unversehrt übriggelassen haben soll. Zwei große Sturmfluten richteten 1412 und 1470 schwere Schäden an; ein Feuer vernichtete 1462 dreißig Häuser in der Innenstadt. Noch ärger traf es die Stadt im 17. Jahrhundert, als sechs schwere Feuersbrünste zu verzeichnen waren, wobei die von 1684 immerhin 214 Häuser einäscherte. Solche Brände traten in den überwiegend aus Holz erbauten Häusern der Städte oft genug auf, aber Hamburg war die erste Stadt, die daraus Konsequenzen zog: Sie gründete 1676 die erste Feuerkasse Europas, bei der sich die Hausbesitzer gegen Brandschäden versichern lassen konnten.

Doch die Brandkatastrophe, die vom 5. bis 8. Mai 1842 über Hamburg hereinbrach, erreichte ein solches Ausmaß, daß die Feuerkasse darüber bankrott ging. Bei diesem Desaster, das große Flächen der Innenstadt in Schutt und Asche legte und 51 Menschen das Leben kostete, erwies sich nicht nur die Bebauung durch Fachwerkhäuser als verheerend; das Unglück hätte nicht solche Dimensionen annehmen können, wenn nicht der Senat folgenschwere falsche Entscheidungen getroffen hätte. Der leitende Spritzenmeister Adolph Repsold hatte schon wenige Stunden nach dem Ausbruch des Feuers in der Deichstraße erkannt, daß die üblichen Löschmaßnahmen nichts ausrichten würden und – gestützt auf Erfahrungen, die man kurz zuvor bei einem Großfeuer in New York gewonnen hatte – dem Senat geraten, durch die Sprengung mehrerer Häuserzeilen eine Schneise zu legen, die von den Flammen nicht hätte überwunden werden können. Obwohl der Wind eine breite Flammenwand auf die Innenstadt zutrieb, weigerte sich der Senat, Repsolds Vorschlag zu befolgen, da er hohe Regreßansprüche fürchtete. Als dann der Senat schließlich doch einwilligte, war es zu spät. Auch nach den Erkenntnissen moderner Brandbekämpfung war Repsolds Vorschlag das einzig mögliche, denn selbst ein modernes Gerät hätte den Großbrand nicht aufhalten können. Erst als der Wind am Morgen des 8. Mai drehte und die Flammen in die Ruinenfelder zurücktrieb, erlosch das Feuer.

So verheerend die Katastrophe, die fast die ganze Hamburger Altstadt vernichtete, auch war: Sie bot der Stadt die Chance, modern wieder aufzubauen. Die Straßen wurden verbreitert, die hölzernen Brücken durch steinerne oder eiserne ersetzt, die Stadt bekam eine ganz neue Gasbeleuchtung und die jetzt verbreiterten Straßen erhielten eine Steinpflasterung. Aus dem Brandschutt wurde an der Binnenalster eine ganz neue Straße angelegt, der Alsterdamm (heute Ballindamm), und schließlich bekam die Stadt zum erstenmal ein Sielsystem, das so großzügig konzipiert wurde, daß es in Teilen noch heute seinen Dienst erfüllt. Das eigentliche Verdienst um diesen Wiederaufbau und die längst überfällige Modernisierung kommt dem englischen Ingenieur William Lindley zu, der gerade Hamburgs erste Eisenbahnlinie – die Strecke zwischen Hamburg und Bergedorf – errichtet hatte; sie sollte an dem Tag eingeweiht werden, als das Feuer ausbrach, und leistete erste Hilfe bei der Evakuierung der betroffenen Bevölkerung.

Als über Hamburg 1842 die Brandkatastrophe hereinbrach, wähnte die Bevölkerung, sie hätte wohl das Ärgste überstanden, und meinte damit die französische Besetzung der Stadt zwischen 1806 und 1814. Damals hatte Napoleon die neutrale Reichsstadt handstreichartig besetzen lassen und 1811 sogar dem französischen Kaiserreich einverleibt. Von 1813 bis April 1814 war die Stadt von den Franzosen als Festung verteidigt worden, und als sie abzogen, stand Hamburg vor dem Ruin. Nicht die Kriegszerstörungen waren so schlimm, sondern das nahezu völlige Erliegen des Hamburger Handels, da wegen der Blockade, mit der sich England und Frankreich wechselseitig bedachten, kein Schiff den Hamburger Hafen anlaufen und keines ihn verlassen konnte.

Und doch erholte sich Hamburg schneller, als die meisten erwartet hatten. Es trat sofort dem 1815 gegründeten Deutschen Bund bei, was nun der Freiheit der Binnenschiffahrt zugute kam. Die Stadt erhielt ihre alte Souveränität zurück und nannte sich ab 1819 „Freie und Hansestadt Hamburg" – bis heute. Der Handel wurde zunächst dadurch wiederbelebt, daß viele britische Firmen jetzt in Hamburg Niederlassungen gründeten, vor allem aber kam der Stadt zunutze, daß sich die süd- und mittelamerikanischen Kolonien Spaniens und Portugals zwischen 1810 und 1825 ihre Unabhängigkeit erkämpft hatten, denn kaum proklamierten sie ihre Selbständigkeit, da waren die Hamburger schon mit ersten Handelsverträgen zur Stelle. Schon 1846 unterhielt Hamburg in den süd- und mittelamerikanischen Staaten 162 Konsulate und im Handel mit den USA war das Handelsvolumen bis 1840 um das Fünffache gewachsen. Von 1847 an lag der Hamburger Export beträchtlich über dem Wert seines Imports. Diese außerordentlichen Handelserfolge trugen dazu bei, die schweren Schäden, die man zwischen 1806 und 1814 durch die Besatzungszeit und 1842 durch die Brandkatastrophe erlitten hatte, allmählich zu überwinden. Doch die schlimmste Prüfung stand der Stadt erst noch bevor.

Im Zweiten Weltkrieg erlebte Hamburg eine der fürchterlichsten Bombardierungen, die je einer Stadt widerfahren sind. Unter dem Tarnnamen „Operation Gomorrha" begann die britische Royal Airforce am 24. Juli 1943 eine Folge von sieben schweren Angriffen auf Hamburg (bis zum 3. August). Dabei wurden – begünstigt durch eine sehr ungewöhnliche Wetterlage – Feuerstürme nie erlebten Ausmaßes entfacht, bei denen Tausende (die genaue Zahl hat man nie erfahren) in den Kellerschutzräumen buchstäblich verkochten; in den Straßen der betroffenen Stadtteile (vor allem Hammerbrook) entstanden zeitweilig Hochofentemperaturen. Die „Operation Gomorrha" vernichtete die Stadtteile Barmbek, Wandsbek, Eilbek, Hohenfelde, Borgfelde, Hamm, Horn, Hammerbrook und Rothenburgsort und kostete etwa 35.000 Menschen das Leben. Die weiteren Angriffe bis Kriegsende (die letzten Bomben fielen am 29. April 1945 und trafen Bergedorf und Billwerder) forderten noch einmal etwa 10.000 Tote. Verhältnismäßig glimpflich kam dabei die Innenstadt davon; auch Viertel wie Rotherbaum, Harvestehude und die Uhlenhorst wurden nur sehr gering beschädigt. Freilich nicht aus Vorsatz, sondern weil die Wetterverhältnisse und die durch den Feuersturm veränderte Thermik in den Höhenlagen (die Rauchsäule reichte im Juli 1943 siebentausend Meter hoch) die Zielmarkierungen der britischen Bomber über diesen Stadtteilen abtrieben, so daß die Bomben ihre anvisierten Ziele weitgehend verfehlten.

Als Hamburg am 3. Mai 1945 vor den heranrückenden britischen Panzerverbänden kapitulierte, waren von den 1939 registrierten Wohnungen nur 20,5 Prozent unbeschädigt geblieben, 49,2 Prozent waren völlig zerstört, 30,3 Prozent galten als leicht- bis schwer-beschädigt. Im Mai 1939 hatten in Hamburg 1,6 Millionen Menschen gelebt, im Mai 1945 waren es nur noch 1,1 Millionen.

Es hat lange gebraucht, bis die letzten Kriegsspuren aus Hamburgs Stadtbild verschwanden, wenn auch nicht so lange, wie man 1945 geschätzt hatte. Wieder einmal hatte die Stadt überstanden, wenn auch unter grausamen Opfer. Denn neben den etwa 45.000 Toten der Bombenangriffe fielen 70.000 Hamburger als Soldaten an den Fronten, ermordeten die Henker des Hitler-Regimes 7812 Hamburger Juden und 1417 Männer, Frauen und Jugendliche des politischen Widerstands.

5. In Hamburg ist immer gern und gut gegessen worden. Schon im Mittelalter veranstaltete der Rat seine alljährlichen Petri- und Matthiae-Mahlzeiten, die urkundlich allerdings erst seit 1568 nachzuweisen sind. Am Vorabend des Festes Petri Stuhlfeier (am 21. Februar) blieb man unter sich, d.h. Ratsherren, Syndici und Sekretäre; am Tage des heiligen Matthias (24. Februar) lud der Rat Gäste ein, in Hamburg akkreditierte Diplomaten, Würdenträger der Stadt, Mitglieder des Domkapitels. Was dabei an einem einzigen Abend verschmaust und vertrunken wurde, würde heute ausreichen, die Matthiae-Mahlzeiten mehrerer Jahre zu bestücken, und die Quantitäten des dabei genossenen Weins und Biers machen uns verständlich, warum am Ende dieser Festmähler kein einziger Teilnehmer mehr imstande war, seine Wohnung auf eigenen Füßen zu erreichen. Den Anblick eines vom Bürgermeister bis zum Sekretär sturzbetrunkenen Rates fand die Bevölkerung belustigend, keinesfalls ehrenrührig. Im 18. Jahrhundert komponierten so bedeutende Musiker wie Reinhard Keiser und Georg Philipp Telemann die Festmusik; dann beschloß der Rat überraschend, nach der Matthiae-Mahlzeit von 1724 den jahrhundertealten Brauch abzuschaffen. Die Gründe dafür kennen wir nicht, vielleicht wollte man sparen, denn für das Petri- und das Matthiae-Mahl bezahlte man 1724 fast soviel, wie der Erste Bürgermeister als Jahresgehalt bezog. Der Brauch des jährlichen Festessens mit geladenen Gästen wurde nach dem 2. Weltkrieg wieder belebt (das Petri-Mahl allerdings nicht erneuert); nur die Portionen sind heute erheblich kleiner geworden, vor allem muß kein Alster-Schwan dafür sein Leben lassen. Denn tatsächlich wurden für diese aufwendigen Soupers von einem Jäger mehrere Alster-Schwäne geschossen, von denen zwei mit vergoldetem Gefieder als Tafelaufsatz dienten, unter deren Flügeln ein Frikassee aus dem Fleisch ihrer Artgenossen angerichtet war. Daß der Rat 1664 die Alster-Schwäne für schutzwürdig erklärt hatte und Übergriffe gegen die Vögel streng ahndete, galt hier nicht.

Festessen leisteten sich auch die Zünfte, die in Hamburg aber nicht Zünfte, sondern „Ämter" genannt wurden. Die Handwerker gönnten sich ihre alljährlichen „Höge", und in der letzten Augustwoche beging das Offizierskorps (Capitaine) der Bürgerwache ihr Jahresconvivium, zu dem zwischen 1721 und 1767 fast alljährlich Georg Philipp Telemann eine aufwendige Festmusik komponierte, die man „Kapitänsmusiken" nannte.

Aber auch die Bevölkerung feierte. Am 1. Mai oder zu Pfingsten beging man das Frühlingsfest („Maihöge") vor den Toren der Stadt im Grünen mit Gesellschaftsspielen, Vogelschießen und Tanz. Im Winter leisteten die, die es sich leisten konnten, Schlittenfahrten (meist im Konvoi und mit Musik) ins Umland und über die für gewöhnlich zugefrorene Elbe, auf der eine ganze Budenstadt aufgebaut war. Als gegen Ende des 17. Jahrhunderts die Schlittschuhe erfunden wurden (die übrigens bis zum Beginn des 19. Jahrhunderts „Schrittschuhe" hießen), vergnügte man sich auf dem Eis von Binnen- und Außenalster. Die Winter waren damals so streng und andauernd, daß man stets mit einer festen Eisdecke rechnen konnte. Und wenn auch das lutherische Hamburg keinen Karneval (oder Fasching) kannte, so liebte man doch aufwendige Maskenbälle. Im Sommer ließ man sich bei schönem Wetter auf einem Stuhlwagen ins Grüne fahren, in die Dörfer vor der Stadt – Eppendorf war als Ziel von Kaffeefahrten sehr beliebt – oder sogar bis zum Zollenspieker.

Die festliche Überhöhung ihres arbeitsreichen Alltags ist damals den Menschen, denen „Freizeit" nicht einmal als Wort ein Begriff war und die sich „Urlaub" nicht einmal hätten vorstellen können, von größter Wichtigkeit gewesen. Es gab kein freies Wochenende; nur am Sonntag gab es – nach dem ganz selbstverständlichen Kirchgang – freie Stunden, die von den Menschen damals weitaus mehr genossen wurden, als wir uns heute wohl vorstellen können, genossen bei sehr bescheidenen Freuden, die man anspruchslos und dankbar akzeptierte. Einen Urlaub kannten nicht einmal die Reichen. Aber sie konnten es sich leisten, Frau und Kinder in die „Sommerfrische" zu schicken, die freilich nicht im Ausland stattfand, sondern in Övelgönne, wo man in den kleinen Lotsen- und Handwerkerhäusern Quartier bezog, deren Bewohner für die Sommermonate recht behelfsmäßig hausen mußten, dafür aber ein wenig verdienten. Wenn man so will, kann man natürlich auch hier von „Ausland" sprechen, denn Övelgönne befand sich ja (bis 1864) auf dänischem Territorium, was aber damals überhaupt keine Rolle spielte. Die wirklich Betuchten hatten ihre Sommerhäuser vor den Toren, dort gab es dann an den Sonntagen, wenn auch der fleißige Kaufmann sich einen Tag der Muße gönnte, prächtige Gartenfeste. Solche Freuden blieben der Masse der Bevölkerung natürlich verwehrt; für sie gab es Feuerwerke von großem Aufwand, die oft mehrere Stunden dauerten und meist von Booten auf der Binnenalster gezündet wurden, die damals noch „Alster-Bassin" hieß. Im Sommer fanden auch Jahrmärkte statt mit Gauklern und Seiltänzern.

Ganz besonders liebten die Hamburger im Winter den „Dom". Dieser traditionelle Weihnachtsmarkt fand seit dem 14. Jahrhundert in den Kreuzgängen und in der großen Halle des in der zweiten Hälfte des 13. Jahrhunderts erbauten Doms statt und, als der Platz nicht mehr ausreichte, in seiner unmittelbaren Umgebung. Hier wurde alles angeboten, was man auf einem Weihnachtsmarkt erwartete, und als man den Dom und seine Nebengebäude abriß, zog der nun weiterhin „Dom" benannte Weihnachtsmarkt 1804 auf den Gänsemarkt, 1881 auf den Holstenwall und 1893 auf das Heiligengeistfeld. Seither ist der „Dom" ein ganz gewöhnlicher Jahrmarktsrummel, im Kalender auch nicht mehr an die Vorweihnachtszeit gebunden.

Auch sonst hat sich zwischen Mittelalter und Gegenwart in den allgemeinen Lustbarkeiten viel geändert. Die Matthiae-Mahlzeiten sind recht bescheiden geworden, das Wintervergnügen auf dem Eis seltener, seit das wärmer gewordene Klima die Elbe nicht mehr und die Außenalster nur noch gelegentlich zufrieren läßt. Daß es Volksbelustigungen wie die im Bereich der heutigen Reeperbahn stattfindenden Tierhetzen (hier wurden Tiere bis zum Zerfleischen aufeinander gehetzt) oder die in St. Georg (nahe der heutigen Brennerstraße) vollzogenen öffentlichen Hinrichtungen nicht mehr gibt, wird niemand bedauern.

Überhaupt ist der Tod heute kein Fest mehr. Im alten Hamburg galt die sehr aufwendige Beisetzung als ein öffentliches Repräsentationsspektakel, das sich reiche Hamburger Bürger ein Vermögen kosten ließen. Ein abendliches Leichenbegängnis mit Fackeln, der (zu mietenden) Ehrengarde des Senats (die „Reitendiener"), Musik und Wagenkorso, bot schon ein prächtiges Schauspiel im Stadtbild, und wer es sich leisten konnte, mietete als Trauergefolge sogar Bürgermeister und Senatoren, die solche Dienste – als kleines Zubrot – keineswegs verschmähten.

Heute hat sich der Tod in die Anonymität zurückgezogen. Die Öffentlichkeit kennt keine Trauerkondukte in den Straßen der Stadt mehr, die kleinen, vor dem Dammtor gelegenen, individuell gestalteten Friedhöfe sind längst aufgelassen worden. Seit 1877 gibt es den von Johann Wilhelm Cordes entworfenen Friedhof Ohlsdorf, einen der größten Europas. Einige namhafte Tote – genauer: das, was von ihnen noch übriggeblieben war – hat man bei der Beseitigung der alten Friedhöfe nach Ohlsdorf überführt. Später kam im Osten der Stadt der Friedhof Öjendorf hinzu.

6. Die bis zu neun Meter hohen Wälle, von denen die Stadt umgeben war, schützten zwar vor einem Feind, verhinderten aber auch eine ausreichende Durchlüftung der dichtbebauten schmalen Straßen. Wie auch die anderen euopäischen Großstädte, so pflegte Hamburg einen recht laxen Umgang mit der Hygiene. Die Stadt, man kann es nicht anders sagen, war sehr schmutzig und stank. Zwar war es – wie oben erwähnt – verboten, die Fleete als Müllkippen zu mißbrauchen, aber die Einhaltung des Verbots ließ sich nicht überwachen, und wenn im Sommer bei Ebbe die Fleete trockenlagen, verbreitete sich in der Hitze der Geruch der Fäulnis, zumal sich der Inhalt von einigen tausend Abtritten täglich in die Fleete ergossen.

Wer es sich leisten konnte, bewirtschaftete vor den Toren einen kleinen Garten, denn in der engbebauten Stadt selbst gab es dafür keinen Platz, und die Familien der Wohlhabenden verbrachten die Sommermonate in ihren Landhäusern, die bis zur Mitte des 18. Jahrhunderts bevorzugt im Marschenland (z.B. in Billwerder) angelegt wurden. Denn der damals herrschende französisch-niederländische Gartenstil, der die Natur durch seine strengen geometrischen Strukturen prägte, verlangte auch einen schnurgerade gezogenen Kanal als Hauptachse mit weiteren Nebenkanälen, und das dafür erforderliche Wasser gab es im Marschenland reichlich und auch jenen topfebenen Boden, der für diese Gartenkunst erforderlich war.

Doch nach 1750 verbreitete sich in Hamburg mehr und mehr der Landschaftsgarten englischer Prägung. Dazu bedurfte es hügeligen Geländes und einer Gestaltung, die wie naturgewachsen wirken sollte und alle kunstvolle Geometrie strikt verpönte. Das Terrain dafür fand sich am Elbufer zwischen Altona und Blankenese. So kam es, daß die Marschenlande als Sommerrefugium aus der Mode kamen und die Bebauung der Elbchaussee einsetzte, wo nun eine Fülle der herrlichsten Parks grünte und blühte.

Die überwiegend bescheidenen, aus Holz errichteten und nicht zu beheizenden Sommerhäuser des 17. Jahrhunderts wurden abgelöst von aufwendigen Bauten. Der dänische Baumeister Christian Frederik Hansen (dem Altona seine schönste Straße, die Palmaille, verdankt) baute Sommerhäuser wie das Hirschparkhaus (Elbchaussee 499) oder das „Weiße Haus" (Elbchaussee 547); der auch von Goethe sehr geschätzte Architekt Johann August Arens entwarf den Landsitz für Caspar von Voght (Baron-Voght-Str. 63); Franz Gustav Joachim Forsmann vollendete 1834 das Landhaus des Senators und Kunstsammlers Martin Johann Jenisch (an dessen Entwurf auch Friedrich Schinkel beteiligt war).

Natürlich gab es solche oder ähnliche Sommersitze ebenso vor den Toren anderer deutscher Großstädte, aber nur Hamburg widerfuhr das Glück, daß sie zum Teil erhalten geblieben sind. Da Altona bis 1864 dänisch und bis 1937 preußisch war, konnte sich Hamburg nach dieser Seite hin nicht ausdehnen. Industrie siedelte sich z.B. in Billwerder an und zerstörte die alten Landhäuser mit Ausnahme des sogenannten „Glockenhauses", das vor einigen Jahren sorgfältig restauriert worden ist (Billwerder Billdeich 72). Das Areal der Elbchaussee war durchweg in privater Hand. Erst die wirtschaftliche Not nach dem Ersten Weltkrieg zwang so manchen Eigentümer, sein Anwesen zu veräußern, und es bleibt das große Verdienst des damaligen Altonaer Oberbürgermeisters Max Brauer, eine Parzellierung der Grundstücke verhindert und aus den Gärten öffentliche Grünanlagen gemacht zu haben. Das Landhaus Jenisch ging 1939 in den Besitz Hamburgs über und dient heute dem Altonaer Museum als Außenstelle, wo man die Epochen der Hamburger Wohnkultur kennenlernen kann.

Nicht weit vom Landsitz des Gemäldesammlers Jenisch steht seit 1962 das von Werner Kallmorgen gebaute Ernst-Barlach-Haus, das die einzigartige Barlach-Sammlung von Hermann F. Reemtsma aufgenommen hat, die dieser Kaufmann Hamburg als Stiftung vermacht hat.

7. Hamburg ist und war eine Kaufmannsstadt und gewiß kein Musensitz. Dennoch sind die Musen diesem Ort nicht fern- und fremdgeblieben. Im Gegenteil: Hamburg besitzt eine Kunst- und Kulturgeschichte, die beachtlich ist und auf die Hamburg durchaus stolz sein darf. Seltsam ist nur, daß sie bis heute nie geschrieben worden ist. In aller Kürze soviel:

Mit Meister Bertram und Meister Francke arbeiteten im späten Mittelalter die damals bedeutendsten Maler Deutschlands in Hamburg. Im 17. Jahrhundert galt die Hafenstadt als ein Zentrum der Orgelkunst. Berühmt war die große Orgel von St. Katharinen, die Hans Stellwagen erbaut hatte und die im letzten Krieg zerstört wurde. In der zweiten Hälfte des 17. Jahrhunderts wurde sie von Johann Adam Reinken, einem der berühmtesten Organisten seiner Zeit, gespielt, und 1720 gab Johann Sebastian Bach auf ihr ein Konzert. In Hamburg arbeitete auch Arp Schnitger, der berühmteste Orgelbaumeister Norddeutschlands, von dessen Hamburger Orgeln nur die 1693 vollendete in St. Jacobi überdauerte. Nicht minder bekannt waren so bedeutende Organisten und Komponisten wie Jacob und Johann Prätorius, David und Heinrich Scheidemann und Matthias Weckmann und Vincent Lübeck.

Im 18. Jahrhundert berief der Rat der Stadt mit Georg Philipp Telemann (1721) und Carl Philipp Emanuel Bach (1768) zwei der größten deutschen Komponisten des Jahrhunderts als städtische Musikdirektoren. Beide haben ihre wichtigsten Werke in ihrer Hamburger Amtszeit geschaffen; Telemann organisierte als erster das Hamburger Konzertwesen. Auch war er zeitweilig der künstlerische Leiter der Hamburger Oper, die 1678 als erste bürgerliche Oper gegründet worden war, was bedeutet, daß sie nicht das alleinige Eigentum eines Fürsten war, sondern jedem offenstand, der eine Eintrittskarte erwarb. Mit Reinhard Keiser wirkte an ihr einer der großen Opernkomponisten des beginnenden 18. Jahrhunderts.

In dieser Zeit galt der Hamburger Barthold Hinrich Brockes als Deutschlands größter Lyriker („Irdisches Vergnügen in Gott"). Er wurde der eigentliche Vater der deutschen Naturlyrik. Der Hamburger Senat wählte ihn 1720 zum Mitglied; das einzige Mal, daß in Deutschland ein selbständiger Lyriker in ein hohes Staatsamt berufen wurde, und Brockes erwies sich in den 27 Jahren seiner Amtszeit als eine Art Außenminister (oder Gesandter) seiner Vaterstadt, in diplomatischen Missionen durchaus versiert, wobei ihm sein großes Renommee als Dichter zugute kam. Wahrscheinlich war es auch seiner Initiative zu danken, daß Telemann 1721 zum Musikdirektor Hamburgs ernannt wurde.

Auch Friedrich von Hagedorn mehrte mit seinen vielgelesenen und vielbewunderten Gedichten Hamburgs Ruhm, und als sich Friedrich Gottlieb Klopstock 1770 in Hamburg niederließ, durfte sich Hamburg erneut rühmen, den damals größten deutschen Lyriker in seine Mauern aufgenommen zu haben. Auch Matthias Claudius begann hier seine Laufbahn als Journalist und Schriftsteller, ehe er 1771 ins holsteinische, dänisch regierte Wandsbek umzog. Gotthold Ephraim Lessing versuchte vergebens, in Hamburg zwischen 1767 und 1770 ein Deutsches Nationaltheater am Gänsemarkt einzurichten; hier erlebte sein Lustspiel „Minna von Barnhelm" seine Uraufführung, hier entstand seine „Hamburgische Dramaturgie". Und einer der bedeutendsten deutschen Schauspieler und Theaterdirektoren – Friedrich Ludwig Schröder – sorgte in Hamburg für eine gründliche Theaterreform, die Aufführung der dramatischen Werke von Goethe und Schiller und der Opern Mozarts, sowie für die Pflege von Shakespeares Schaffen, wobei Schröder einen besonderen Ruf als Darsteller Shakespearescher Gestalten besaß.

Joachim Maass, ein seit seinem Tode wahrlich zu Unrecht vergessener Hamburger Schriftsteller, meinte 1961, der Hamburger lese keine Bücher („wozu uns allerdings meistens die Zeiten zu ernst und unsere Geschäfte zu wichtig sind"), aber bei aller Ironie übertreibt er denn doch ein bißchen. Denn: Als 1805 der Verleger Cotta die Gesamtausgabe des kurz zuvor verstorbenen Johann Gottfried Herder zur Subskription anbot, fand er die meisten Subskribenten in Hamburg, weit mehr als in Wien und in Berlin. Cottas Goethe-Ausgabe in dreizehn Bänden brachte es in Hamburg auf 221 Subskribenten; es folgten Berlin mit 70 und Leipzig mit 51 Beziehern.

Ja, mehr noch: Hamburger Kaufleute schrieben im 18. Jahrhundert sogar für das Theater, so verfaßte Georg Behrmann die Tragödien „Timoleon, der Bürgerfeind" (1741) und „Die Horazier" (1751), und der Kaufmann Heinrich Borkenstein (übrigens der Vater von Susette Gontard, Hölderlins Diotima) schrieb eines der beliebtesten Stücke der Hamburger Bühne, nämlich das 1741 uraufgeführte Lustspiel „Der Bookesbeutel". Andere Kaufleute betätigten sich als Übersetzer literarischer Werke. Der dänische Dichter Jens Baggesen, Hamburg gegenüber eher skeptisch eingestellt, räumte aber doch 1789 ein, die Stadt müsse als das „allgemeine Wirtshaus der Musen" gerühmt werden.

Nun klingt „Wirtshaus" nicht allzu schmeichelhaft (sonst sprach man ja eher vom Tempel), aber Baggesens Formulierung macht sich dennoch nicht schlecht. Denn ein Wirtshaus ist stets ein Ort der Geselligkeit, und Geselligkeiten, bei denen sich die Musen heimisch fühlen konnten, kannte man im Hamburg des 18. Jahrhunderts durchaus. Da gab es vor allem drei große Zirkel, die zudem untereinander verwandt oder verschwägert und in jedem Falle befreundet waren: das Haus des Arztes Johann Albrecht Heinrich Reimarus, das Haus des Mathematikers und Direktors der Handelsakademie Johann Georg Büsch und der Landsitz des Kaufmanns Georg Heinrich Sieveking in Neumühlen. Hier saß der Senator neben dem Schauspieler, der Kaufmann neben dem Dichter, der Diplomat neben dem Musiker – kurz: Die tonangebenden Stände (und Künstler wurden von ihnen nicht ausgeschlossen) verhandelten die Themen des Tages, tauschten sich aus und beschlossen Aktivitäten. Viele von ihnen trafen sich wieder als Mitglieder der 1765 gegründeten „Patriotischen Gesellschaft", die unter „patriotisch" das soziale Engagement und die Gemeinnützigkeit nach damaligem Sprachgebrauch verstand, und hier gründete man 1788 die von Johann Georg Büsch und dem Kaufmann Caspar Voght konzipierte Hamburger Armenanstalt, die übrigens erstmals mit statistischen Erhebungen arbeitete und deren soziales Programm weit über Hamburg hinaus Aufsehen erregte. Voght wurde nach Wien und Berlin eingeladen, um ähnliche Modelle auch für diese Städte zu entwickeln, und später arbeitete er solche Sozialprogramme auch für französische Städte im persönlichen Auftrag Napoleons aus.

Die wirtschaftlichen Schäden und die Entvölkerung der Stadt als Folge der französischen Okkupation von 1806 bis 1814 beeinträchtigten nachhaltig das vor 1806 so blühende Hamburger Kulturleben, zumal die 1815 in ganz Deutschland einsetzende Restauration und in ihrem Gefolge die Zensur schlimme Folgen mit sich brachten. Andererseits begünstigte das liberale Verhalten des Hamburger Senats (schließlich nannte man sich seit 1819 „Freie und Hansestadt Hamburg") und die relativ großzügig gehandhabte Zensur junge, demokratisch und liberal gesonnene deutsche Schriftsteller, die von dem aufgeschlossenen und mutigen Verleger Julius Campe ediert wurden, wozu auch Heinrich Heine gehörte. In Hamburg durfte gedruckt werden, was andernorts (vor allem in Preußen) strikt verboten war.

Dann allerdings, in der zweiten Hälfte des 19. Jahrhunderts, machte sich eine beachtliche Kulturfeindlichkeit bemerkbar. Die Stadt verstand es nicht, bedeutende Maler, Bildhauer, Komponisten und Schriftsteller an sich zu binden; Richard Dehmel und Detlev von Liliencron ließen sich in Altona oder Rahlstedt nieder, die damals beide nicht zu Hamburg gehörten, und Johannes Brahms ging 1862 nach Wien. Auch Gustav Mahler hat es nur kurz (von 1891 bis 1897) in Hamburg gehalten, es waren keine glücklichen Jahre für ihn.

8. Man kann eine Stadt nicht verstehen, wenn man nicht ihre Vergangenheit kennt. Eine Stadt ist nicht eine Ansammlung von Häusern, sondern ein lebendiger Organismus, der von vielen tausend Menschen gebildet wird. Sie kamen aus allen Winkeln des deutschen Reiches, und sie kamen genauso auch aus dem Ausland: Niederländer, Franzosen, Skandinavier, Engländer und seit dreißig Jahren auch Türken. Ohne sie wäre Hamburg eine im geistigen Sinne arme und monotone Stadt und zu einem guten Teil auch in wirtschaftlicher Bedeutung.

Das Hamburg des 20. Jahrhunderts entstand schon im letzten Viertel des 19. Jahrhunderts, als 1881 mit dem Bau des Freihafens begonnen wurde (bis 1888). Allein 24.000 Menschen, die bisher hier gelebt hatten, mußten ausgesiedelt werden, um Platz für ein Gelände zu schaffen, das nicht nur Hafenanlagen, sondern auch Werften, Warenlager und Unternehmen der Veredlungsindustrie aufnehmen sollte. Die Straßen mit den schönen Kaufmannshäusern aus der Barockzeit verschwanden, die Speicherstadt entstand und der Zollkanal. Nach der Cholera-Epidemie von 1892 begann man mit dem Abriß der Gängeviertel; das letzte, in der Neustadt, verschwand erst in den dreißiger Jahren unseres Jahrhunderts. Das Netz der Fleete wurde reduziert, neue Straßen gezogen und 1897 ein neues und sehr pompöses Rathaus eingeweiht. Die Vernichtung kunst- und kulturhistorisch bedeutender Bausubstanz hat damals manchen verbittert, allen voran den Direktor der Kunsthalle Alfred Lichtwark, der damals sein so oft zitiertes Wort von der „Freien und Abrißstadt Hamburg" prägte, aber andere Großstädte verfuhren mit ihrem Erbe keineswegs rücksichtsvoller, sofern sie wirtschaftlich so prosperierten wie Hamburg. Ein Denkmalschutzgesetz wurde überhaupt erst 1920 in Hamburg erlassen.

Es war auch nicht alles häßlich, was da neu entstand. Die großen Bürgerhäuser am Rothenbaum, am Harvestehuder Weg und auf der Uhlenhorst (die erst seit 1847 bebaut wurde) gelten haute als Schmuckstücke der Stadt. Neue Architekturimpulse gab der 1909 von Dresden nach Hamburg berufene Oberbaudirektor Fritz Schumacher. Ihm sind die Siedlungen Dulsberg und Langenhorn zu danken (gedacht als eine humane Alternative zu den Mietskasernen der Gründerjahre), viele modern und individuell gestaltete Schulbauten, die Kunsthochschule, das Tropeninstitut, das Museum für Hamburgische Geschichte, das Johanneum, das Haus der Finanzbehörde am Gänsemarkt. Der Architekt Fritz Höger, der sich wie Schumacher für die Verwendung von Backstein und Klinker einsetzte, erbaute 1922/24 das Chilehaus, den Sprinkenhof, das Klöpperhaus (heute Kaufhof), die Zigarettenfabrik Reemtsma in Wandsbek. Es ist fast ein Wunder, daß alle diese Bauten den Bombenkrieg überstanden.

Die schweren Zerstörungen durch das Flächenbombardement haben nicht nur wertvolle Bausubstanz vernichtet, sondern auch das Gesicht der Stadt verändert. Vom alten Aussehen der Stadtteile Hammerbrook, Hamm, Horn, Wandsbek, Eilbek, Barmbek ist so gut wie nichts mehr übriggeblieben. Die zwischen Alt- und Neustadt brutal geschlagene Schneise der Ost-West-Straße ist das Ärgste, das man Hamburg nach 1945 architektonisch und stadtplanerisch angetan hat. Am Grindel entstand 1955 eine Hochhaussiedlung, die Kennedy-Brücke (1953) sollte die alte Lombardsbrücke entlasten, es entstand die City Nord (1961) und der Fernsehturm (1965/67). Den Hafen überspannt seit 1974 der weitgeschwungene Bogen der Köhlbrandbrücke. Ein besonderes Gepräge bekam die Hamburger Innenstadt durch mehrere Passagenbauten: Kaufmannshaus (1978), Hamburger Hof (1979), Gänsemarkt-Passage (1979), Hanseviertel (1979/81), Galleria (1978/83). Mit diesen Passagen wurde an ein sehr bedeutendes Zeugnis alter Hamburgischer Passagen-Architektur angeknüpft: an den 1845 errichteten „Sillem's Basar", der einst dort stand, wo später das Hotel „Hamburger Hof" errichtet wurde.

Auch die Wirtschaft veränderte sich. Wohl: Noch immer ist der Hamburger Hafen der größte Deutschlands, seit 1967 mit drei Container-Terminals ausgestattet, und noch immer ist er (einschließlich Schiffsbau, Mineralöl- und Gummiverarbeitung) Hamburgs größter Arbeitgeber. Aber inzwischen ist anderes hinzugekommen, so die Luft- und Raumfahrtindustrie (die größte in Deutschland), das Versicherungs- und Bankenwesen mit über 50.000 Beschäftigten, und als Medienstadt ist Hamburg in Deutschland unbestritten die Nummer Eins. Das gilt für die Produktion von Zeitungen und Zeitschriften, für die Schallplattenindustrie und für die Produktions- und Vertriebsunternehmen von Film und Fernsehen (Studio Hamburg). Auch auf dem Gebiet der Dienstleistungen hält Hamburg unter Deutschlands Städten den Spitzenplatz.

Alfred Kerr und Kurt Tucholsky haben Hamburg als schönste deutsche Großstadt bezeichnet. Natürlich ist das sehr subjektiv, aber es fällt doch auf, daß die positiven Urteile über Hamburg die negativen weitaus übertreffen. Den meisten hat es die harmonische Kombination von Architektur, Wasser und Grün angetan, wobei wir zum Grün bemerken wollen, daß sich auf Hamburger Staatsgrund fünfzehn Naturschutzgebiete (2635 Hektar) befinden und die Stadt genausoviel Wald- wie Wasserflächen besitzt. Als erste deutsche Stadt hat Hamburg schon 1948 eine „Baumschutzverordnung" erlassen. Wer sich an Bäumen vergeht (in Hamburg gibt es 50 Millionen!), sie beschädigt oder ohne Genehmigung fällt, muß mit hohen Geldstrafen rechnen und darf sich noch glücklich schätzen, daß er nicht mehr im 16. Jahrhundert lebt, denn damals wurden Baumfrevler in Hamburg gnadenlos geköpft.

Hamburg bietet heute ein ganz anderes Bild als im 18. Jahrhundert, als mancher Besucher vom „Venedig des Nordens" schwärmte. Mit der Schleifung der alten Befestigungsanlagen konnte die Stadt endlich wachsen. Die früher verstreut vor den Toren liegenden Dörfer, wie etwa Eimsbüttel, Eppendorf, Hamm oder Horn, wuchsen mit der Stadt zusammen, und mit dem Groß-Hamburg-Gesetz von 1937 wurden auch Altona, Wandsbek und Harburg zu Hamburger Stadtteilen. Andere, noch weiter entfernte Gebiete, haben schon länger zu Hamburg gehört, nämlich die Vierlande mit Bergedorf. Von 1420 bis 1867 haben Lübeck und Hamburg gemeinsam dieses „beiderstädtisch" genannte Gebiet in großer Eintracht verwaltet, dann verkaufte Lübeck seine Anteil an Hamburg. Seit dem Mittelalter waren die Vierlande der Gemüselieferant der Stadt, später kamen dann noch Obst und Schnittblumen hinzu. Auch dies ist Hamburg – man vergißt es nur leicht.

„Wir machen nicht viel davon her", schrieb 1961 Joachim Maass, „sind uns aber im stillen dessen wohlbewußt, daß wir samt und sonders, gleich welchen Standes, Bürger einer Stadt sind, die es liebt, ihren Namen nicht mit dem anderer Städte oder auch Länder, sondern gleich ganzer Erdteile zu verbinden, zum Beispiel bei der Bezeichnung unserer Schiffahrtslinien: Hamburg-Amerika-Linie, Hamburg-Südamerika, Hamburg-Ostasien. Und darin steckt nun, unbeschadet unserer sonstigen Trivialität, denn doch ein Stück Träumerei und Romantik: Wir sind Hafenmenschen, wünschen mit unseren Schiffen alle Meere zu befahren und wünschen von allen Nationen besucht zu werden – was den Nationen denn auch gar nicht dringend genug anempfohlen werden kann, schon im Hinblick auf die früher erwähnte Frischgewaschenheit unserer jungen Damen und Dämchen, von denen manche nach alter Tradition den Seefahrern von überallher hold sind. – Wir haben vielleicht nichts Attraktiveres, aber jedenfalls mehr zu bieten als das; vor gesetzteren Individuen, die sich an Frauenschönheit nicht zu sättigen begehren, breiten wir die ganze Schönheit unserer Stadt aus und glauben uns beim Himmel ihrer nicht schämen zu müssen. Die Portugiesen sagen: Wer Lissabon nicht gesehen habe, habe nichts gesehen. Solche Anmaßlichkeiten hören wir mit gelind erhobenen Brauen an und meinen, daß dies doch wohl mindestens im gleichen, wahrscheinlich aber in höherem Grade und zu allervörderst von Hamburg gelte. Gibt es wirklich eine landschaftlich schönere Stadt als die unsere, wie sie sich ums weite runde Bassin der Außenalster und um quadratische Becken der Binnenalster gürtet und sich mit Straßen, Kanälen und Fleeten festhält am mütterlichen Strome, der Elbe, die ruhig und gelassen dem Meere entgegenzieht? Diese wunderbar organisierte Zeichnung von umbauten Wasserflächen, durchschneidenden Wasserwegen und der gewaltigen Ausfallstraße des großen Flusses muß man, heimkehrend von irgendwo, aus dem Flugzeug betrachten, um ihrer einzigartigen Kombination von Größe und Behaglichkeit innezuwerden. Da schlägt einem das Herz höher; den Fremden mag ein Gefühl abenteuerlustiger Erwartung beschleichen: hier gibt es etwas zu erleben; jene höhere Gattung Mensch aber, der Hamburger, rückt sich in seinem Sessel zurecht, und wissend schmunzelt er in sich hinein: Hier bin ich zu Hause."

Eckart Kleßmann

△ Um 1230 wurde durch einen Damm die Alster gestaut, um eine Mühle zu betreiben; aus der überfluteten Alsterniederung entstanden Binnen- und Außenalster (180 Hektar). Aus dem Mühlendamm zwischen Bergstraße und Gänsemarkt wurde der Jungfernstieg. Ganz links erkennt man den Turm der Nikolaikirche (145 m), neben ihm der 1897 vollendete Rathausturm (112 m). Beides sind Zeugnisse aus jenen Jahren, als Hamburg das Geld nicht ausging und man sich etwas leisten konnte. Das Panorama, das hier zu sehen ist, brannte 1842 vollständig ab und wurde größer und schöner wieder aufgebaut, so sah man es damals.

△ Das von 1886 bis 1897 erbaute Rathaus, das Werk einer Architektengruppe, die Martin Haller leitete. Hier residieren der Bürgermeister, der Senat und die Bürgerschaft (unten). Das pompöse Gebäude im Stil des Historismus ist 111 Meter lang und 70 Meter breit. Wegen des nicht sehr festen Untergrunds wurde es auf viertausend in den Boden gerammten Pfählen errichtet.

△ „In der Börse gepreßtem Getümmel,/Find ich meinen ergötzlichen Himmel", reimte 1723 der Hamburger Dichter Michael Richey. Ganz so gepreßt geht es heute nicht mehr zu. Das Gebäude wurde von 1839 bis 1841 von Carl Ludwig Wimmel errichtet.

△ *Hamburgs 1558 gegründete Börse ist die älteste Deutschlands. Trotz moderner Einrichtung hat ihr Inneres den klaren klassizistischen Stil bewahrt, den ihr Stadtbaumeister Carl Ludwig Wimmel verliehen hat. Die Börse ist Sitz der Hamburger Handelskammer und der Commerzbibliothek (gegründet 1735); sie ist, wie ihr Name sagt, auf Literatur zum Thema Handel spezialisiert und die älteste Fachbibliothek der Welt.*

△ Auf dem Areal des 1842 abgebrannten Voglerswalls baute Alexis de Chateauneuf die 1846 vollendeten Alsterarkaden nach venezianischem Vorbild. Der sanft in der Kleinen Alster dümpelnde Schwan gehört zu Hamburgs beliebten Alsterschwänen, die der Senat schon 1664 unter seinen ausdrücklichen Schutz gestellt hatte und für unverletzlich erklärte.

△ *Ein Stück der Alsterarkaden fiel in der Frühe des Neujahrsmorgens 1990 einer Brandstiftung zum Opfer. Inzwischen aber ist das ursprüngliche Aussehen wiederhergestellt worden. Ein Stück Architektur, das zum Flanieren und zur Muße einlädt. Hier gibt es angesehene, traditionsreiche Geschäfte. Die Cafés sind viel besucht und ein beliebter Treffpunkt mit Blick auf Wasser und Rathausmarkt.*

△ Der Reesendamm, um 1230 zwischen Bergstraße und späterem Gänsemarkt angelegt, um die Alster zu stauen und Mühlen zu betreiben, wurde 1665 aufgeschüttet und mit zwei Reihen Linden bepflanzt; die Fahrstraße bekam ein Steinpflaster. Da die neue Straße sehr beliebt war als Promenade und besonders gern von Frauen frequentiert wurde, nannte sie der Volksmund bald „Jungfernstieg". Der Fußweg wurde 1796 um acht Meter in die Binnenalster hinein verbreitert und eine dritte Lindenreihe am Wasser entlang gepflanzt. Die alte Bebauung wurde 1842 beim Großen Brand restlos vernichtet. Das große Gebäude in der Mitte ist das ehemalige Hotel

„Hamburger Hof", heute umgestaltet als Einkaufspassage. Rechts daneben das Heine-Haus, denn an seiner Stelle stand einmal das Wohnhaus des Bankiers Salomon Heine, der nicht nur seinen berühmten Dichterneffen förderte, sondern auch seiner geliebten Wahlheimat Hamburg zahlreiche Wohltaten erwiesen hat.

△ Vor 1825 befanden sich auf dem Areal des Neuen Jungfernstiegs Gärten und die Häuser der Wohlhabenden, die ihre schöne Aussicht auf das „Alsterbassin" genossen.

△ Von 1825 bis 1826 entstand an der Ostseite der Binnenalster der Neue Jungfernstieg und ihm gegenüber 1842 der Ballindamm. Von ihm geht der Blick über das Wasser auf die neuen Hochhäuser an der Esplanade.

△ Das Hotel Vier Jahreszeiten, 1897 von Friedrich Haerlin gegründet, liegt am Neuen Jungfernstieg (Nr. 9-14) und zählt zu den zehn besten Hotels der Welt. Es verfügt über 175 Zimmer und Suiten, nicht gerechnet der Blick über die Binnenalster. Als das renommierte Hotel vor einiger Zeit in japanische Hände überging, sorgte sich Hamburg um seine geliebte Visitenkarte, aber das Hotelwesen ist längst international geworden, und der Besitzerwechsel hat dem Haus nachweislich nicht geschadet. Hamburg durfte erleichtert aufatmen.

△ *Der Übersee-Club, eine Vereinigung von Geschäftsleuten und zweifellos eine der allerfeinsten, besitzt das, was man in Hamburg „eine Adresse" nennt: Neuer Jungfernstieg Nr. 19, Amsinck-Palais. Das noble klassizistische Gebäude, von 1831 bis 1833 von Franz Gustav Forsmann für den Bankier Gottlieb Jenisch erbaut, ging nach dem Tod von Jenisch in den Besitz der Familie Amsinck über. Vor dreißig Jahren sollte es allen Ernstes abgerissen werden, weil es angeblich einem Versicherungsgebäude im Wege war. Aber eben diese Versicherung rettete das Haus (freilich nicht ohne den wütenden Protest der über die Abrißpläne empörten Presse), und heute demonstriert das Amsinck-Palais innen wie außen nobelste hanseatische Wohnkultur.*

△ *Kaufmannshaus Ecke Große Bleichen/Bleichenbrücke, 1906 erbaut, 1978 umgebaut (von Graaf, Schweger & Partner), mit einem Lichthof durch alle sechs Etagen. Hanseviertel zwischen Poststraße, Große Bleichen und Heuberg, gebaut 1979–81 von den Architekten M. von Gerkan, V. Marg & Partner. Galleria zwischen Große Bleichen und Bleichenfleet, 1978–83 gebaut von den Architekten Robert und Trix Haussmann.*

△ *Was wäre Hamburg ohne seine Passagen? Die Mellin-Passage zwischen dem Neuen Wall und der Alsterseite ist die älteste noch existierende (1846). Erst bei der Restaurierung nach der Brandstiftung am Neujahrstag 1990 kam ihre ursprüngliche Wandbemalung aus der Zeit um 1900 wieder zum Vorschein. Liebevolle Wiederherstellung und Geschäfte im alten Stil mit viel Mahagoni haben diesen Durchgang zu einem wahren Schmuckstück kommerzieller Architektur werden lassen.*

△ Am Gänsemarkt stehen zwei bedeutende Zeugnisse Hamburger Baukunst: Links die von Fritz Schumacher 1919 bis 1926 erbaute Finanzbehörde, rechts das ehemalige Deutschlandhaus, 1928/29 von den Architekten Block und Hochfeld errichtet, im Zweiten Weltkrieg beschädigt, 1982 erneuert. In diesem Haus befand sich bis zur Kriegszerstörung das größte Kino Hamburgs, heute residiert hier eine Bank. Das Weltkind in der Mitten ist Gotthold Ephraim Lessing, von 1767 bis 1770 Dramaturg am Gänsemarkttheater, wo sein Lustspiel Minna von Barnhelm am 30.9.1767 die Uraufführung erlebte. Der Bildhauer Fritz Schaper hat 1881 Lessing mit einem Denkmal geehrt.

△ *Die Alte Post, 1846 von Alexis de Chateauneuf erbaut.*

△ *Ein Raum in der Finanzbehörde, dessen ursprüngliche Ausgestaltung erhalten geblieben ist.*

△ *Lebendiges Theater seit 95 Jahren, wenn auch nicht immer unumstritten, aber das hat schon stets das Wesen der Bühne und der Schauspielkunst ausgemacht.*

△ *Das Deutsche Schauspielhaus an der Kirchenallee wurde 1900 von den österreichischen Architekten Ferdinand Fellner und Hermann Helmer erbaut. Die Skulpturen (Dichter und Musen) schuf Carl Garbers, das Deckengemälde („Apoll und Hammonia") ist ein Werk von Carl Marr. Mit 1400 Plätzen ist es das größte Theater Deutschlands. Hamburger Kaufleute finanzierten diese Pracht mit einer Million Mark, für die damalige Zeit eine gewaltige Summe.*

△ Am 2. Januar 1678 eröffnete die erste Hamburger Oper ihre Tore. Im Gegensatz zu den Musiktempeln der fürstlichen Residenzen, zu denen nur geladene Gäste Zutritt hatten, war die Hamburger Oper ein bürgerliches Haus, das gegen Eintritt allen offenstand und damals auch von allen Bevölkerungsschichten frequentiert wurde. Der Spielplan richtete sich nach dem Publikumsgeschmack, denn Subventionen kannte man nicht. So gab es immer mal wieder Pleiten. Von 1722 bis 1738 war Georg Philipp Telemann ihr Intendant, von 1891 bis 1897 dirigierte hier Gustav Mahler. Später, nach Kriegsende 1945, hießen die ersten Intendanten der Hamburgischen Staatsoper (so ihre Bezeichnung seit 1933) Günther Rennert, Rolf Liebermann und August Everding. John Neumeier übernahm 1973 die Leitung des Balletts, das heute als das beste in Deutschland gilt.

△ *Der Spielplan von Oper und Ballett bietet ein breites Spektrum und abwechslungsreiche Inszenierungen.*

Für Musik, Oper und Ballett haben die Hamburger Kaufleute immer eine offene Geldbörse gehabt, und noch heute läßt man sich die Oper einiges kosten. Ein Vergnügen für alle Schichten wie einst ist sie aber längst nicht mehr.

△ *Von 1876 bis 1877 entstanden die Colonnaden, Verbindungsstraße zwischen Esplanade und Jungfernstieg, die einlädt zum Flanieren und Kaufen. Die Arkaden sorgen dafür, daß man seinen Einkaufsbummel auch bei Regen trockenen Fußes machen kann. Die Häuser im Stil des Historismus hat der Bombenkrieg verschont. Heute steht das ganze Ensemble unter Denkmalschutz.*

△ *Von 1883 bis 1887 entstand die Hauptpost am Stephansplatz (unten), deren Spitze ein vergoldeter Merkur bekrönt (oben rechts). Von der ursprünglichen Bebauung der Esplanade (1827 bis 1830) durch Carl Ludwig Wimmel ist nur ein einziges Haus übriggeblieben: Nr. 37. In Thomas Manns „Zauberberg" wird es beschrieben als das Haus von Hans Castorps Großvater.*

△ Die Kirche St. Petri wurde vermutlich in der ersten Hälfte des 11. Jahrhunderts gegründet; nächst dem nicht mehr existierenden Dom ist sie die älteste Kirche Hamburgs. Der um 1342 entstandene bronzene Türzieher vom linken Türflügel des Westportals ist das älteste erhaltene Kunstwerk Hamburgs.

△ St. Petri – hier gesehen von der Bergstraße – ist am 7. Mai 1842 ein Opfer des Großen Brandes geworden; alle verzweifelten Bemühungen, die Kirche doch noch zu retten, scheiterten. Wenigstens aber gelang es, einen großen Teil des kostbaren Inventars rechtzeitig zu bergen; auch der Türzieher von 1342 konnte gerettet wer-

den. Der Wiederaufbau der Kirche lag in den Händen der Architekten Alexis de Chateauneuf und Hermann Fersenfeldt, die bemüht waren, in wesentlichen Zügen das alte Erscheinungsbild wiederherzustellen. Am 7. Mai 1849, dem Jahrestag der Zerstörung, erfolgte die Grundsteinlegung zum Wiederaufbau. Mit dem Neubau des Turms auf den alten Fundamenten begann man erst 1866 (Abschluß 1878). Fliegerbomben trafen im Zweiten Weltkrieg den Chor, größere Schäden blieben aber aus.

△ *Die um 1480 aus Eichenholz gearbeitete Figur des hl. Ansgar in St. Petri zeigt den „Apostel des Nordens", der als Gründer Hamburgs gilt, denn er legte um 825 jene Hammaburg als Missionsstation an, die zur Keimzelle Hamburgs wurde. Der Heilige ist im Ornat eines Bischofs dargestellt. Seine Rechte hält den Krummstab, die Linke ein Kirchenmodell, dessen Turm dem des Hamburger Doms ähnelt. Dort, gegenüber von St. Petri, stand diese Skulptur bis zum 1804 begonnenen Abbruch des Doms. Zum Wiederaufbau von St. Petri wurde sie 1849 vom Senat der Kirche geschenkt.*

△ Bei Ausschachtungsarbeiten für einen Neubau am Speersort 1962 stieß man 3 Meter unter dem heutigen Straßenpflaster auf ein 4 Meter starkes, aus unbehauenen Findlingen gebildetes kreisförmiges Fundament. Sein Inneres hat einen Durchmesser von 11 Metern. An diesen Ring angeschlossen ist ein zweiter, kleinerer mit einem Durchmesser von 4,5 Metern, der einen 4,2 Meter tiefen Brunnenschacht umschloß. Es handelte sich um die Fundamente von Erzbischof Bezelins Steinernem Haus, Residenz des Kirchenfürsten, wenn er von seinem Hauptsitz Bremen aus Hamburg besuchte. Der Turm lag an der höchsten Stelle des damaligen Hamburg, unmittelbar an der Heidenwall genannten Stadtbefestigung. Vermutlich ist dieser Turm im 13. Jahrhundert abgerissen worden; mit seinen Steinen wurde die Steinstraße gepflastert.

△ *Die Kirche St. Jacobi wird erstmals 1255 urkundlich erwähnt. Der heutige Bau an der Steinstraße entstand um die Mitte des 14. Jahrhunderts, der Turm wurde 1420 errichtet, aber im Lauf der Jahrhunderte immer wieder umgestaltet. Sein heutiges Aussehen bekam er 1963, nach der Restaurierung der 1944 entstandenen Kriegsschäden.*

△ *Arp Schnitger aus Neuenfelde, einer der größten Orgelbaumeister Deutschlands, erbaute auch die Orgel von St. Jacobi. Das 1693 vollendete Instrument war von solcher Klangschönheit, daß sich J. S. Bach 1720 um das Amt eines Organisten zu St. Jacobi bewarb, aber nicht angenommen wurde, weil er sich weigerte, die Stelle mit*

einer beträchtlichen Summe zu erkaufen, was damals oft verlangt wurde. Unter dem Eindruck der schweren Bombardierung Hamburgs im Sommer 1943, die aber St. Jacobi verschont hatte, wurde beschlossen, die Orgel auszubauen. Ihre einzelnen Teile wurden in Kisten verpackt und in einem Bunker im Turm ausgelagert. Rettung fast in letzter Minute, denn schon am 18. Juni 1944 trafen Bomben die Kirche, die restlos ausbrannte. Nur die Orgel überstand das Inferno im gutgeschützten Bunker und konnte 1961 nach umfassender Restaurierung wieder aufgestellt werden.

△ Die Kirche St. Katharinen wurde zwischen 1350 und 1450 errichtet. Als der alte Turm am 15. Februar 1648 bei einem Orkan einstürzte, erbaute Peter Marquard, Baumeister aus Plauen, von 1656 bis 1658 den Turm in seiner heutigen Gestalt, 115 Meter hoch. Am 30. Juli 1943 brannte die Kirche bei einem Bombenangriff aus und wurde 1944 ein zweites Mal durch Bomben beschädigt. Der Wiederaufbau erfolgte von 1950 bis 1957 in der ursprünglichen Gestalt. Nicht mehr ursprünglich ist das Kirchspiel St. Katharinen. Die nach dem Zweiten Welt-

krieg angelegte Ost-West-Straße zieht sich als eine barbarische Schneise durch das Gebiet der einstigen Altstadt und zerstörte dabei die Kirchspiele von St. Katharinen und St. Nikolai. Von deren ursprünglichen Strukturen ist nichts übriggeblieben.

△ St. Katharinen ist der Heiligen Katharina geweiht worden, deren Attribut das Wagenrad ist. Diese Holzplastik aus dem 15. Jahrhundert gehört zu den wenigen originalen Kunstwerken von St. Katharinen, die den Feuersturm von 1943 unversehrt überstanden.

△ Dieses Haus an der Ost-West-Straße, 1761/62 gebaut, ist das einzig übriggebliebene barocke Bürgerhaus in Hamburg. Der erhaltengebliebene Teil bildete einst das Vorderhaus einer Brauerei; die Rückseite reichte ursprünglich bis zum Zippelhaus und besaß dort Fleetanschluß für das Be- und Entladen von Waren. Ursprünglich stand dieses Haus an der heute nicht mehr existierenden Gröningerstraße.

△ Dieses Haus am Schopenstehl wurde von 1885 bis 1888 von Arthur Viol gebaut hinter einer Rokokofassade aus der Zeit um 1780. Die Fundamente des ursprünglich dort errichteten Hauses reichen aber weiter in die Vergangenheit zurück. Auch dieses Haus besaß auf seiner Rückseite den Anschluß an ein Fleet, nämlich an das 1877 zugeschüttete Reichenstraßenfleet, das im frühen Mittelalter einmal den ersten Hamburger Hafen bildete.

△ Das von 1922 bis 1924 von Fritz Höger erbaute Chilehaus zwischen Burchardplatz und Meßberg ist eines der bedeutendsten Zeugnisse norddeutscher Klinkerarchitektur und der erste Hamburger Großbau nach dem Ende des 1. Weltkriegs (1918) in wirtschaftlich schwieriger Zeit. Das zehngeschossige, zwei Grundstücke zusammenfassende und die alte Fischertwiete überbauende Gebäude entstand auf einem Gelände, das nach einem Sanierungsplan von 1912 ursprünglich für eine Bebauung mit Wohnungen gedacht gewesen war; 1912/13 hatte man hier das alte Meßberg-Niedernstraße-Viertel abgebrochen. Den ornamentalen und figürlichen Schmuck der Chilehausfassade schuf der Bildhauer Richard Kuöhl. Die durch die Straßenführung gebildete Spitze erin-

nert bewußt an den hoch aufragenden Bug eines Schiffes, die geschwungene Bewegung der Seiten an Wellen. Hamburgs Oberbaudirektor Fritz Schumacher plante die Umgebung des Chilehauses 1926 als Kontorhausviertel, nachdem zwischen 1923 und 1926 der Meßberghof und der Montanhof hinzugekommen waren. Von 1927 bis 1931 folgten dann der von Fritz Höger und H. und O. Gerson erbaute Sprinkenhof und 1928 der Mohlenhof. Seinen Namen bekam das Chilehaus von seinem Bauherrn, dem Kaufmann Henry Sloman, der 32 Jahre im Salpetergeschäft in Chile tätig gewesen war. Er gab 1921 Fritz Höger den Auftrag.

△ Eine Bronzeskulptur von Georg Wrba schmückt seit 1926 den Mönckebergbrunnen an der Mönckebergstraße. Nur wenige Schritte hinter ihr, an der Ecke von Spitaler-/Lilienstraße liegt das „Seeburg" genannte Kontorhaus, das von 1908 bis 1909 gebaut wurde und sehr charakteristisch ein Stück Hamburger Kaufmannsarchitektur aus der Zeit vor dem Ersten Weltkrieg repräsentiert.

△ Die Mönckebergstraße, benannt nach Bürgermeister Johann Georg Mönckeberg, verdankt ihre Entstehung indirekt der furchtbaren Cholera-Epidemie von 1892, die in den Elendsquartieren der Stadt 8605 Todesopfer gefordert und der Hamburger Wirtschaft schweren Schaden zugefügt hatte. Um die gesundheitsgefährdenden Slums im Herzen der Handelsstadt zu beseitigen, beschloß der Senat den völligen Abriß und zugleich eine großzügige Neubebauung des Areals zwischen Stein- und

Spitalerstraße. Möglich wurde dies nur durch ein 1898 erlassenes „Wohnungspflegegesetz“, das der Stadt die gesetzliche Handhabe für Abbruch und Neubau gegen den Willen der Grundeigentümer bot. Von 1908 bis 1913 entstand der große Straßendurchbruch zwischen Rathausmarkt und (1906 fertiggestelltem) Hauptbahnhof. Die Stadt hatte hier sämtliche an der Straße liegenden Grundstücke aufgekauft und konnte damit Einfluß auf eine einheitliche Gestaltung nehmen, allerdings nicht auf ein künstlerisches Gesamtkonzept, das wohl auch kaum durchzusetzen gewesen wäre. Durch die Verwüstungen des Bombenkriegs ist die Mönckebergstraße einigermaßen glimpflich davongekommen, charakteristische Zeugnisse der ursprünglichen Bebauung haben sich erhalten, so das Klöpperhaus (heute Kaufhaus) von Fritz Höger, das Hulbe-Haus (Nr. 21) von Henry Grell und die ehemals Öffentlichen Bücherhallen am Mönckebergbrunnen von Fritz Schumacher.

△ *An die Stelle des 1843 erbauten ersten Thalia-Theaters trat ein Neubau, der von 1910 bis 1912 von den Architekten Lundt und Kallmorgen ausgeführt wurde. Bomben zerstörten das Haus in der Nacht vom 13. auf den 14. April 1945. Der Wiederaufbau erfolgte von 1956 bis 1960 durch Werner Kallmorgen.*

△ *„Sin Sie auch in Thallja-Theater abonniert?" wird Frau Puvogel gefragt. „Schon seit Dschorenden! Kuck scho gaa nich mehr hin!" – Das 1843 gegründete Thalia-Theater mit 1800 Plätzen bot leichtere Bühnenkost; Trauerspiele, Opern und Lustspiele mit mehr als zwei Akten durften nicht gegeben werden. Dieses Verbot fiel erst 1869. Nach 1945 spielte man hier Arthur Miller und Tennessee Williams, und in den achtziger Jahren erregten Inszenierungen von Dramen Ernst Barlachs Aufsehen. Dennoch ist die Tradition geblieben, wonach das Thalia-Theater weitaus eher den Blick nach der Unterhaltung richten darf denn das Schauspielhaus. Von 1969 bis 1980 war hier Boy Gobert Intendant, ihm folgte von 1980 bis 1985 Peter Striebeck, und seit 1985 ist es Jürgen Flimm.*

△ Der mit grünen und gelben Majolika-Kacheln ausgekleidete Blumenladen im Hauptbahnhof ist ein so schönes wie markantes Zeugnis des späten Jugendstils und eine bunte Zierde inmitten eines Bauwerks, dessen Leben vom unablässigen Eisenbahnverkehr und seiner Ruhelosigkeit bestimmt wird.

△ Bis zum Beginn des 20. Jahrhunderts mußten die Fernzüge vier Kopfbahnhöfe in Hamburg anlaufen, wobei die aus Bremen und Köln kommenden D-Züge durch die ganze Stadt bis zum Klostertorbahnhof im Schrittempo fuhren, von einem Bahnbeamten mit einer Glocke begleitet. Erst 1906 konnte endlich der Hauptbahnhof eröff-

net werden. Daß sein Gleiskörper so tief liegt, hat damit zu tun, daß hier der alte Stadtgraben vor den Befestigungswällen genutzt werden konnte, wo man, bis zum Baubeginn, die Toten der Gemeinden von St. Jacobi und von St. Georg bestattet hatte. Der Hauptbahnhof wurde durch Bomben im Zweiten Weltkrieg schwer beschädigt, blieb aber in seinem Aussehen im wesentlichen unverändert. Während der umfassenden Renovierungsarbeiten, die in den siebziger Jahren begannen, wurde aus der alten Wandelhalle eine attraktive Einkaufspassage gemacht.

△ Ob Renoir, Rodin oder, im Hintergrund, Edouard Manets berühmte „Nana“: Die Kunsthalle braucht über Besuchermangel nie zu klagen, und gerade auch junge Menschen fühlen sich von diesem Haus angezogen. Vor einigen Jahren erhielt die Kunsthalle einen weiteren Anbau von Oswald Mathias Ungers, um den wachsenden Sammlungen angemessen Platz zu bieten.

△ Philipp Otto Runges Portrait der Hülsenbeckschen Kinder gehört zu den schönsten Bildern der Kunsthalle. Das Haus besitzt die größte Sammlung von Werken dieses bedeutenden Hamburger Romantikers, dazu eine nicht minder beträchtliche Anzahl von Gemälden Caspar David Friedrichs. Beide Maler hatte schon der erste Direktor der

Kunsthalle, Alfred Lichtwark (1852 – 1914), zu sammeln begonnen. Lichtwark setzte zunächst auf die Werke Hamburger Künstler, wie etwa die Meister des Mittelalters Bertram und Francke und die Künstler des 19. Jahrhunderts, erweiterte aber dieses Konzept, indem er bedeutende zeitgenössische Maler nach Hamburg einlud, um sie dort malen zu lassen, so Max Liebermann oder Edouard Vuillard und Pierre Bonnard. Der älteste Teil der Kunsthalle wurde 1868 errichtet und mußte schon 1886 erweitert werden, ein weiterer Anbau wurde 1914 erforderlich. Den Bombenkrieg überstanden Gebäude und Sammlungen unversehrt.

△ Das Museum für Kunst und Gewerbe besitzt die größte Jugendstilsammlung der Welt. Hier eine Skulptur von Richard Luksch.

△ Fensterentwurf von Carl Otto Czeschka, davor Möbel von Josef Hoffmann. Das Museum wurde 1868 gegründet. Justus Brinkmann, sein erster Direktor, holte die Wiener Künstler Luksch und Czeschka nach Hamburg.

△ Von allen Künsten wurde im 17. und 18. Jahrhundert in Hamburg am meisten die Musik geschätzt. Orgelkunst und Orgelbau waren ganz außerordentlich entwickelt, und weit über Hamburgs Grenzen hinaus gewannen Instrumentenbauer wie Joachim Tielke und Christian Zell großes Ansehen. Joachim Tielke (1641–1719) baute u. a. kostbare Gamben, von denen eine im Vordergrund zu sehen ist; Christian Zell war berühmt für seine

Tasteninstrumente. Das hier gezeigte Cembalo stammt aus dem Jahre 1728 und ist mit mythologischen Szenen in Tempera-, Öl- und Lackmalerei geschmückt. Das Instrument besitzt zwei Manuale und einen dreichörigen Saitenbezug und gehört in seiner Klangfülle zu den schönsten Cembali deutscher Provenienz. Es ist das früheste der drei erhaltenen Zell-Cembali. Im Hintergrund erkennt man die um 1775 entstandene französische Rokokovertäfelung aus einem Kaufmannshaus in der Katharinenstraße. An der Wand ein 1775 datierter Fayence-Ofen und Spiegelappliquen. Die aus Eichenholz geschnitzte, vergoldete und versilberte Täfelung schmückte einen Festsaal und ist ein charakteristisches Beispiel für die Hamburger Wohnkultur im ausgehenden 18. Jahrhundert.

△ Hamburgs Vorstadt St. Georg entstand im 13. Jahrhundert als Stätte für ein Aussätzigenhospital außerhalb der Stadtmauern, zugleich aber auch als ein Refugium für Hamburger, die hier ihre Gärten anlegten. Noch im 19. Jahrhundert bestand die Lange Reihe zu einem Gutteil aus Gärten mit Sommerhäusern. Heute ist diese Straße das alte Zentrum St. Georgs, mit ein paar übriggebliebenen kleinen Fachwerkhäusern aus dem 18. Jahrhundert und großen Mietshäusern aus Wilhelminischer Zeit. Der Stadtteil St. Georg hat den größten Ausländeranteil in Hamburg, was zum Abwechslungsreichtum der Langen Reihe spürbar beigetragen hat. In der ersten Hälfte des 19. Jahrhunderts ging der Blick von der Langen Reihe über die vielen Gärten bis zur Außenalster; eine vorstädtische, ländliche Idylle, an die im heutigen St. Georg nichts mehr erinnert.

△ Die Dreieinigkeitskirche von St. Georg wurde von 1743 bis 1747 von Johann Leonhard Prey erbaut und nach der Zerstörung im Zweiten Weltkrieg in alter Form rekonstruiert.

△ Bunte, folkloristisch geprägte Märkte und Straßenfeste gehören zu St. Georg fast wie ein Wahrzeichen dieses Stadtteils.

△ *Die von 1911 bis 1913 gebauten Markthallen am Deichtor für den Obst-, Gemüse- und Blumenmarkt auf 7000 qm Fläche werden seit ihrer Restaurierung und Umgestaltung 1989 als Ausstellungsräume für die Vorstellung zeitgenössischer Kunst genutzt. Finanziert wurde die Umgestaltung durch die Kurt A. Körber-Stiftung.*

△ *Die von 1958 bis 1962 errichtete Großmarkthalle in Hammerbrook wurde entworfen von Bernhard Hermkes und ausgeführt von Schramm und Elingius. Die dreischiffige Zentral-Markthalle wird überdeckt von Beton-Bogenbindern über eine Weite von je 48 Metern und doppelt gekrümmten Stahlbetonschalen von nur 8 bis 13 cm Dicke. Auf einer Fläche von 40.000 qm ist hier das riesige Angebot an Obst und Gemüse ausgebreitet, das jeden Morgen auf den Hamburger Groß- und Einzelhandel zu verteilen ist. Man möchte nicht so vermessen sein, hier assoziierend an den „Bauch von Paris" vom „Bauch von Hamburg" zu sprechen, aber eine ganz vage Ähnlichkeit ist doch wohl nicht von der Hand zu weisen.*

△ *Beim Bau des Dammtorbahnhofs konnte man sich stilistisch nicht so recht entscheiden: Elemente des Historismus mischen sich mit denen des Jugendstils. Die ernst, aber nicht unfreundlich blickende Bekrönte heißt willkommen, hält aber auf Distanz.*

△ *Der 1903 von dem Architekten E. Moeller im Auftrag der Preußischen Eisenbahnverwaltung in Altona erbaute Dammtorbahnhof zwischen Dag-Hammerskjöld- und Theodor-Heuss-Platz orientierte sich am Berliner S-Bahnhof Alexanderplatz; oben der hochgelegte Gleiskörper, unten die Empfangshalle. Die aus Werkstein gemauerten Fassaden werden von einer Stahl-Glas-Konstruktion*

überspannt und umrahmen das halbrunde Fenster in der Mitte. Unter den Hamburger Bahnhöfen ist der Dammtorbahnhof unstreitig der schönste, weswegen hier auch bevorzugt Staatsgäste empfangen wurden, ehe sie über den Fuhlsbüttler Flughafen einschwebten. Schon Kaiser Wilhelm II. ist hier ausgestiegen und mit allen Ehren – von Souverän zu Souverän – empfangen worden.

Verglichen mit der Konstruktion des drei Jahre später vollendeten Hauptbahnhofs, der seine moderne Konstruktion hinter Rustica-Architektur verbirgt, wirkt der Dammtorbahnhof nicht nur moderner, sondern auch weitaus eleganter.

△ Der Holstenwall gehört zum Areal der im 17. Jahrhundert angelegten Befestigungswerke, die im 19. Jahrhundert geschleift und zwischen Dammtor und Zeughausmarkt in Grünanlagen verwandelt wurden. Das große Gebäude links ist das heutige DAG-Haus, von 1921 bis 1922 und dann von 1929 bis 1930 erbaut von den Architekten Schopp und Vortmann im Auftrag des Deutsch-Nationalen Handlungsgehilfen-Verbandes, geschmückt mit Bronzeskulpturen von Ludwig Kunstmann. Die Klinkerfassade erinnert an die in den Zwanziger Jahren entstandenen Kontorhäuser. Rechts ein Teil der parallel zum Holstenwall sich erstreckenden Grünanlagen.

△ Die Häuser am Holstenwall, fast alle erst nach 1900 entstanden, dokumentieren Hamburger Baustile in der ersten Jahrhunderthälfte. Zu Fritz Schumachers großen Schöpfungen gehört das von 1914 bis 1923 erbaute Museum für Hamburgische Geschichte (unten), errichtet auf der Henricus-Bastion der alten Stadtbefestigung.

△ *Die Architekten Martin Haller und Emil Meerwein haben die Musikhalle in den Jahren von 1904 bis 1908 gebaut und sich dabei eines neobarocken Backsteinstils bedient. Architektonisch wahrlich nicht gerade auf der Höhe der Zeit, aber für das Hamburger Bürgertum bedeutete das Gediegenheit und behäbige Repräsentanz.*

△ *Die Musikhalle ist die großherzige Stiftung des Reeders Carl Laeisz (1828 – 1900) und seiner Ehefrau Sophie (1831 – 1912). In seinem Testament hatte der Reeder 1,2 Millionen Mark für den Bau einer Musikhalle bestimmt; seine Frau hat diese, für die damalige Zeit beträchtliche Summe, noch aufgestockt. Das Gebäude verfügt über*

zwei Konzertsäle mit jeweils 2000 und 640 Plätzen. Im Innern steht eine 1909 von Max Klinger geschaffene Marmorplastik zu Ehren von Johannes Brahms, dessen auch draußen mit zwei weiteren Monumenten gedacht wird (von Maria Pirwitz und Thomas Darboven), die 1981 aufgestellt wurden. Für die Musik von Brahms waren die Hamburger immer sehr aufgeschlossen, und natürlich durfte sie auch beim Einweihungskonzert der Musikhalle im Juni 1908 nicht fehlen. Im Hintergrund rechts erkennt man das von 1958 bis 1964 errichtete Unilever-Hochhaus als äußerst dissonanten Widerpart.

△ *Hamburgs Zoologischer Garten, 1861 von Ernst Merck gegründet, mußte 1930 geschlossen werden, weil ihm Hagenbecks Tierpark längst die Besucher abspenstig gemacht hatte. An der Stelle des alten Zoos entstand ein Park, vorbereitet durch die 1935 eröffnete Niederdeutsche Garten-Ausstellung „Planten un Blomen". Die Anlage ist immer wieder verändert worden, vor allem durch drei Internationale Gartenbau-Ausstellungen 1953, 1963, 1973. Bei der Schau von 1963 wurden Planten un Blomen, der Alte Botanische Garten (gegründet 1821) und Teile des alten Wallgrabens zum Wallringpark vereint, der sich zwischen Stephansplatz und Millerntor*

entlangzieht. Neben mehreren Spezialgärten gibt es hier seit 1988 als Geschenk der in Hamburg lebenden Japaner einen Japanischen Landschaftsgarten, von japanischen Experten angelegt. Die tiefer gelegenen Teile des Wallringparks sind die Überreste der alten Stadtbefestigung aus dem 17. Jahrhundert, genauer des Wallgrabens.

△ Die Hamburger Kaufleute haben sich sehr lange gegen eine Universität in ihrer Stadt gewehrt. Erst 1919 kam es zur Gründung. Das 1911 von Edmund Siemers gestiftete Gebäude für die öffentliche Erwachsenenbildung wurde erstes Vorlesungsgebäude der Universität, die vor allem dem unermüdlichen Engagement des Senators Werner von Melle zu danken war.

△ *Das Krameramt, d. h. die Zunft (= Amt) der Kleinhändler (= Kramer), war Teil der strenggegliederten Hamburger Handwerkerorganisation. Im Amt waren die Meister eines Gewerbes zusammengeschlossen, also jene, die ihren Beruf in Hamburg ausüben durften. Um ins Amt aufgenommen zu werden, bedurfte es nicht nur der Meisterprüfung, man mußte auch ein hohes Eigenkapital nachweisen. Auf diese Weise wurde der Nachwuchs (und die Konkurrenz) kurzgehalten. Sonst bestand nur die Möglichkeit, durch die Heirat einer Meisterswitwe ins Amt zu kommen. Da aber nicht alle Amtswitwen wieder heirateten, mußte für sie eine Altersbleibe geschaffen werden. Darum stiftete das Krameramt 1676 Wohnungen für diese Witwen am Krayenkamp zu Füßen*

von St. Michaelis. Bis 1866 existierten diese Häuser als Krameramtswohnungen, dann wurden in Hamburg die Ämter aufgelöst. Von 1972 bis 1974 ließ die Stadt die Gebäude restaurieren und eine Wohnung als Museum herrichten mit dem originalen Inventar, wozu selbstverständlich auch der Nachttopf gehört.

△ Die kleine Passage zwischen den Häusern (ursprünglich standen hier einmal die Sommerhäuser wohlhabender Hamburger) mit Läden und einem Restaurant, wird sowohl von Einheimischen wie von Touristen gern aufgesucht. Auf den Dächern sind Vorrichtungen zum Wäschetrocknen angebracht.

△ *Die erste Kirche St. Michaelis, im 17. Jahrhundert erbaut, geriet 1750 durch einen Blitzschlag in Brand und wurde völlig eingeäschert. Der Hamburger Baumeister Ernst Georg Sonnin errichtete den Neubau. Das Kirchenschiff konnte 1762 eingeweiht werden, der Turm (von den Hamburgern liebevoll „Michel" genannt und Wahrzeichen der Stadt) wurde erst 1781 vollendet. Auch diese Kirche suchte das Feuer heim: Am 3. Juli 1906 geriet sie durch unachtsam ausgeführte Lötarbeiten im Dachstuhl in Brand und wurde dabei restlos zerstört. Für die Hamburger war es selbstverständlich, daß ihr geliebter „Michel" originalgetreu wieder aufgebaut wurde. Am 19. Oktober 1912 – auf den Tag genau 150 Jahre nach der ersten Weihe – wurde die rekonstruierte Kirche*

in Anwesenheit von Kaiser Wilhelm II. eingeweiht. Aber auch diesem Bau war keine lange Dauer beschieden: Am 11. März 1945 zerstörten britische Fliegerbomben das Schiff, nur der Turm blieb unversehrt. Nach Kriegsende wurde das Kirchenschiff zum drittenmal in der von Sonnin entworfenen Form wiederaufgebaut, Hamburgs einziger barocker Kircheninnenraum.

△ Der 132 Meter hohe Turm von St. Michaelis besitzt eine Aussichtsplattform, zu der ein Fahrstuhl hinaufführt, und die einen weiten Rundblick über Stadt und Hafen bietet. In den achtziger Jahren mußte die kupferne Außenhaut des Turmes wegen schwerer Schäden vollständig erneuert werden. Bis zum Jahr 2020 wird das Kupfer die vertraute grüne Patina wiedergewonnen haben.

△ Den 132 Meter hohen Turm von St. Michaelis, genannt Michel, kann man zu Fuß ersteigen, wenn man die 449 Stufen nicht scheut; bequemer freilich geht es mit dem Fahrstuhl. Auf der Aussichtsplattform genießt man den Blick über die Innenstadt bis hin zur Außenalster. Links erkennt man den Rathausturm, rechts davon den von St. Petri und etwas weiter rechts den von St. Jacobi. Unterhalb der Plattform befindet sich die größte Turmuhr Deutschlands mit vier Zifferblättern von acht Metern Durchmesser.

Blick vom Michel, Millerntor

△ *An das alte Millerntor am Eingang zur Reeperbahn erinnert nur noch dieses klassizistische, vom modernen Verkehr umbrauste Zollhäuschen. Hier wurde visitiert, wer Hamburgs Stadttor passieren wollte. Erst 1860 wurde die längst anachronistisch gewordene Torsperre endgültig abgeschafft.*

△ *Der Straßenname „Große Freiheit" deutet nicht auf weitherzige Moral hin, wie manche meinen, sondern bezeichnet die schon früh in Altona gewährte Religionsfreiheit. Seit 1601 durften sich Mennoniten ansiedeln. Erst im 19. Jahrhundert entwickelte sich hier ein Vergnügungsviertel, außerhalb Hamburgs bekanntgeworden durch einen Film mit Hans Albers.*

△ *Alljährlich zu Weihnachten fand im 1804 abgerissenen Dom (gegenüber St. Petri) ein vielbesuchter Markt statt, auf dem man von der Puppe bis zum Kleiderschrank alles kaufen konnte. Diesen Weihnachtsmarkt nannte man in Hamburg „Dom". Nach dem Abbruch der Domkirche wanderte „der Dom" 1804 auf den Gänsemarkt, 1881 zum Holstenwall und 1893 auf das Heiligengeistfeld. Hier gibt es ihn immer noch, den „Dom", nur hat er schon lange nichts mehr mit einem Weihnachtsmarkt zu tun, sondern ist ein großangelegter Vergnügungspark mit jährlich neuen und technisch immer aufwendigeren Amüsiermaschinen.*

△ *Der von Hugo Lederer geschaffene Bismarck steht auf einer Architektur von Emil Schaudt und entstand von 1902 bis 1906. Er ist gleichsam Hamburgs Roland, jedenfalls in der Pose.*

△ *Anders als der 1974 eröffnete Neue Elbtunnel dürfen den Alten Elbtunnel auch Fußgänger passieren. Zurückzulegen sind 448,5 Meter gefliester Strecke.*

△ *Von 1907 bis 1911 entstand für die damals beträchtliche Summe von elf Millionen Goldmark der (Alte) Elbtunnel, der St. Pauli mit den Hafengebieten Steinwerder und Kuhwerder verbindet. Es war der erste Unterwassertunnel des europäischen Kontinents. Sein Bau kostete nicht nur viel Geld, er forderte auch Menschenleben: Da das Druckkammer-Bausystem damals noch technisch nicht ausgereift war, starben fünf Arbeiter am Lungenriß, wurden 174 für ihr ganzes Leben zu Invaliden. Neben dem Tunnel erhebt sich der Turm der St. Pauli Landungsbrücken mit ihren 685 Meter langen Schwimmpontons. Der Turm zeigt den Wasserstand der Elbe an und bietet darüber hinaus einen imponierenden Rundblick über den Hamburger Hafen.*

△ Die Fischauktionshalle von 1895/96 wurde restauriert. Fisch wird hier nicht mehr versteigert, aber sie wird sonntags in den traditionellen Fischmarkt einbezogen und dient mit ihrem mächtigen Innenraum und den Emporen für Feste und Märkte aller Art. Nutzen und Ästhetik sind hier ein schönes Bündnis eingegangen.

△ *Seit 1703 gibt es den St. Pauli-Fischmarkt, der jeden Sonntagmorgen um sechs Uhr beginnt und um halb zehn Uhr endet. Im 18. Jahrhundert durfte hier nur Fisch verkauft werden, heute bekommt man aber auch Obst und Gemüse und Fleisch, Blumen und Kuriositäten mancher Art, Kitsch und Trödel. So wichtig auch für die Händler der Umsatz ist: Für das Publikum ist es das Ambiente mit seinen Gerüchen und seiner ganz besonderen Stimmung, zu der vor allem die geübten Ausrufer beitragen, unter denen es wahre Meister ihres Faches gibt. Und darum kommt auch nicht jeder unbedingt zum Einkaufen, sondern viele möchten flanieren, und mancher Gast nächtlicher Parties ernüchtert sich hier und nimmt in den benachbarten Lokalen ein Katerfrühstück ein. Auf jeden Fall aber herrscht bei jedem Wetter stets eine fröhliche Stimmung.*

△ *Die sorgfältig restaurierten Kaufmannshäuser am Nikolaifleet stammen aus dem 17. und 18. Jahrhundert und zeigen jene für das alte Hamburg so charakteristische Verbindung von Wohn- und Geschäftshaus mit Speicher. Die Waren wurden von den Hochseeschiffen im Hafen auf flache Kähne (Schuten) verladen und dann an die Häuser über das Netz der Fleete herangebracht. Im Giebel befindliche Kräne zogen sie dann empor und ließen anschließend die zum Export bestimmten Produkte wieder hinab. Die Rückseiten der Häuser liegen an der Deichstraße. Das Nikolaifleet war im Mittelalter Hamburgs zweiter Hafen, der erste befand sich am nicht mehr existierenden Reichenstraßenfleet.*

△ *Ein weiteres, kleineres Ensemble solcher Häuser steht an der Reimerstwiete, nicht weit vom Nikolaifleet entfernt. Trotz der dem Hafen geltenden Bombenteppiche im Zweiten Weltkrieg sind diese Häusergruppen unversehrt geblieben, charakteristische Beispiele des Hamburger Fachwerkbaus.*

△ *Die Backsteinbauten der Speicherstadt sind gotischen Vorbildern nachempfunden worden, und doch ist daraus etwas sehr Eigenes entstanden.*
In den Speichern muß nach wie vor harte körperliche Arbeit geleistet werden, doch dann und wann tröstet die schöne Aussicht in luftiger Höhe: hier auf St. Katharinen.

△ *Wo einst die schönsten Kaufmannshäuser aus der Barockzeit standen (beim Bau des Freihafens wurden sie samt und sonders abgerissen), erhebt sich seit 1888, dem Jahr der Vollendung, die von Franz Andreas Meyer konzipierte Speicherstadt, südlich des Zollkanals. Auf 373.000 Quadratmetern werden hier Kaffee, Tee, Kakao, Tabak, Gewürze, Teppiche, Rohseide gelagert und von*

den Quartiersleuten betreut. Das sind Fachkräfte, die alle eingehenden Waren (Rohprodukte) einlagern, sortieren, reinigen und weiterverarbeiten. Sie sind die eigentlichen Bewohner der Speicherstadt. Den Reiz dieser neogotischen Zweckarchitektur hat man erst in unserer Zeit schätzen gelernt. Daß die Speicherstadt im Bombenkrieg schwere Zerstörungen erlitt, sieht man ihr nicht an, so gut wurde sie nach 1945 restauriert. Heute droht ihr Gefahr von jenen, die aus diesen optimalen Lagerstätten unbedingt Wohnungen und Freizeitparks schaffen möchten. In Hamburg in Ruhe zu altern und seiner Bestimmung treu zu bleiben ist nicht immer leicht.

△ Hamburgs Hafen ist der größte Deutschlands und der viertgrößte in Europa. Als sich die Umstellung des europäischen Stückgutverkehrs auf Container und Containerschiffe immer deutlicher abzeichnete, beschloß die Bürgerschaft 1967, den Hafen zum Container-Hafen auszubauen. Das bedeutete nicht nur eine wesentliche Veränderung der Fahrwassertiefe, sondern auch eine Umstrukturierung der Flächen, die für das Lagern, Sortieren und Laden der Container gebraucht werden (ein Liegeplatz für ein Containerschiff benötigt – bei 300 Metern Schiffslänge – etwa 12 Hektar Landfläche). Seit 1967 wurden zwei Container-Terminals geschaffen: der Burchardkai in Waltershof mit zwei Kilometern Länge und einem Kilometer Breite und ihm gegenüber der Terminal der Euro-Kai-KG. Ein dritter Terminal entstand 1982 am O' Swaldkai.

△ *Zwischen Schiffen und Gütern: St. Katharinen, vom Hafen aus gesehen.*

△ *Ohne Container ist die moderne Seefahrt nicht mehr denkbar; ihre Einführung hat den Hafen verändert.*

△ *Stückgut aus aller Welt. Der Hafen ist der größte Arbeitgeber der Stadt.*

△ Nicht Amsterdam oder Venedig, wie man meinen könnte, sind Europas Städte mit den meisten Brücken, sondern Hamburg. Mit 2331 Brücken besitzt Hamburg deren mehr als jede andere Stadt der Welt. Und als am 20. September 1974 die Köhlbrandbrücke dem Verkehr übergeben werden konnte, durfte Hamburg einen weiteren Superlativ für sich in Anspruch nehmen: Sie ist mit 53 Metern Höhe die höchste Brücke Deutschlands. Und zweifellos ist sie mit ihrem eleganten Schwung auch eine der schönsten. Der drei Kilometer lange Köhlbrand verbindet die Süderelbe mit der Norderelbe. Die Brücke selbst ist 520 Meter lang und aus Stahl, aufgehängt an zwei 130 Meter hohen Pylonen. Die Fahrbahn selbst mißt 3900 Meter, ist vierspurig und nur für den Autoverkehr, nicht für Fußgänger, zugelassen. Da die Brücke auf Marschgrund zu errichten war, mußte sie auf Pfählen

gebaut werden, die 18 Meter tief in die Erde gerammt wurden; die beiden Pylonen sind auf 48 Betongroßbohrpfählen mit 1,30 Meter Durchmesser fest gegründet. Für die vierspurige Fahrbahn mußten 1700 Pfähle eingerammt werden. Diese Königin aller Hamburger Brücken wurde 1975 mit dem „Europäischen Stahlbaupreis" ausgezeichnet.

Reederei Laeisz, Trostbrücke

△ *„Pudel" nannte der Reeder Ferdinand Laeisz liebevoll seine Schwiegertochter wegen ihres Kraushaars; so wurde der Pudel zum Wahrzeichen der Reederei und ihrer berühmten Segler, den „Flying-P-Liners".*

△ *An Hamburgs große Zeit der Segelschiffe erinnert auch die Plastik auf dem benachbarten Globus-Haus.*

△ *Die schon 1266 genannte Trostbrücke – 1881 in ihrer heutigen Form erneuert – ist Hamburgs älteste Brücke; über sie wurden einst Verurteilte zum Richtplatz geführt. Links erstreckt sich der 1897/98 von Hanssen & Meerwein und Martin Haller erbaute Laeisz-Hof. Auf der anderen Seite der Trostbrücke steht das Haus der Patriotischen Gesellschaft von 1765, gebaut von 1845 bis 1847 von Theodor Bülau, aufgestockt Anfang der zwanziger Jahre. An dieser Stelle befand sich bis zu seiner Vernichtung durch den Großen Brand von 1842 Hamburgs Rathaus. Bis zur Vollendung des neuen Rathauses 1897 tagte hier die Bürgerschaft.*

△ *Nach der schweren Cholera-Epidemie von 1892, die achttausend Tote forderte, begann man im Hamburger Rathaus über die katastrophalen hygienischen und sozialen Bedingungen in der Mitte der Stadt nachzudenken. Die erste Maßnahme war, alle Gängeviertel – in denen die Seuche ausgebrochen war und die meisten Opfer geholt hatte – abzureißen. Erst 1934 ereilte es das letzte, das Gängeviertel der Neustadt. Als einsames Zeichen seiner ursprünglichen Bebauung blieben die Häuser vom Bäckerbreitergang übrig und wurden vor kurzer Zeit ganz adrett restauriert. Wer heute vor ihnen steht und sich an dieser herausgeputzten Fachwerkniedlichkeit erfreut, weiß nicht, daß diese Häuser einmal in drangvoller Enge zubebaut waren mit Gängen und lichtlosen*

winzigen Höfen. Heute atmen sie Freiheit, damals aber standen sie inmitten von Gestank und muffiger Feuchtigkeit. Davon freilich ahnt der Besucher nichts, wenn er ein Stück herausgeputzten Slums geboten bekommt. Gewiß ist es lobenswert, dieses Stück Hamburger Architekturgeschichte gerettet zu haben, aber es täuscht eine Vergangenheit vor, die so niemals existiert hat.

△ Am Valentinskamp, befinden sich weitere Zeugnisse köstlich aufgeputzter historischer Architektur. Wer möchte heute dort nicht wohnen? Aber vor hundert oder zweihundert Jahren hätten die Bewohner viel darum gegeben, gerade hier nicht leben zu müssen. Daß ihre Häuser, in denen Krankheit und Elend hausten, einmal als wertvolle Kunstwerke bestaunt werden würden, hätten sich jene nicht annähernd vorstellen können.

△ *Die scheinbar alten Fassaden Hamburger Kaufmannshäuser sind erst vor einem Vierteljahrhundert errichtet worden, es sind Rekonstruktionen längst abgerissener Barockhäuser, die aber nie in einem solchen Ensemble beieinanderstanden. Man sieht: Auch Hamburg besitzt sein Disneyland.*

△ Ein paar Schritte von dieser Filmkulisse entfernt befinden sich die Altenwohnungen des Beyling-Stifts in einem Fachwerkbau aus dem Jahr 1751 und einem Anbau von 1770. Dies ist nun wirklich originale und alte Hamburger Architektur, typisch für das 18. Jahrhundert, als in Hamburg das Fachwerk dominierte. Nur das saubere und adrette Aussehen verrät die eingehende Pflege durch den Restaurator, veranlaßt in den Sechziger Jahren durch die Stiftung FVS. Eingezwängt zwischen Holstenwall und Ost-West-Straße bildet das Beyling-Stift eine Insel der Stille und der Abgeschiedenheit.

△ *Die Hochschule für Bildende Künste am Lerchenfeld geht in ihren Ursprüngen zwar schon auf das Jahr 1767 zurück, aber am Lerchenfeld ist sie erst, seit ihr Fritz Schumacher von 1911 bis 1913 zu diesem schönen Gehäuse verhalf. Die weibliche Figur rechts vom Eingang ist das Werk von Richard Luksch, der 1907 von Wien nach Hamburg berufen wurde, um hier an der Hochschule zu unterrichten.*

△ *Das Treppenhaus der Hochschule ist ein besonders gelungenes Beispiel Schumacherscher Baukunst. Hier gehen heute 1200 Kunststudenten treppauf und treppab. Das auf diesem Foto nicht zu sehende große Fenster, wodurch das Treppenhaus sein Tageslicht erhält, geht auf einen Entwurf von Carl Otto Czeschka zurück, der, wie Luksch, aus Wien einer Berufung nach Hamburg gefolgt war und hier unterrichtete.*

△ Treppenhäuser und Eingänge sind auch so etwas wie eine hanseatische Visitenkarte: der Elbhof (oben links), das Asia-Haus (oben rechts), der Laeiszhof (unten): Repräsentativ, gediegen und selbstbewußt; man will nicht prahlen, aber auch nicht sein Licht unter den Scheffel stellen.

△ *Und das alles nicht ohne Eleganz: Überseeclub (oben links), Eingang in der Oderfelder Straße (oben rechts) und am Eppendorfer Baum (unten links). Und schließlich die Schwan-Apotheke in der Dammtorstraße: Dieses Treppenhaus von 1911 gehört zu den schönsten in Hamburg.*

△ Der Name Oderfelder Straße erinnert an das längst verschwundene Dorf Odersfelde, das im Mittelalter einmal zum Besitz des Nonnenklosters Herwardeshude gehörte. Die vom Klosterstern (daher der Name) abzweigende Straße wurde um 1900 mit stattlichen Mietshäusern bebaut, in denen eine gutbürgerliche Mittelschicht wohnte und wohnt. Die schweren Bombardierungen des Zweiten Weltkriegs haben diesen Stadtteil weitgehend verschont und ihm sein altes Gepräge belassen. Hauseingänge, Treppenhäuser und das sorgfältig gestaltete Dekor der Fassaden bezeugen solide Handwerkerarbeit und jene Gediegenheit, die das Hamburger Bürgertum immer besonders geschätzt hat. Die alten Bäume sorgen für Schatten und sattes Grün.

△ Im Straßennamen Frauenthal ist die Erinnerung an das Nonnenkloster Vrouwendal bewahrt geblieben, so nannte sich im 14. Jahrhundert das Kloster Herwardeshude, das dem Stadtteil Harvestehude seinen Namen hinterließ. Die großzügig dekorierten Häuserfronten sind ein Ausweis hanseatischer Wohlhabenheit.

△ *Asia-Haus (1900) an der Ost-West-Straße*

△ *Seeburg (1908/09), Ecke Spitaler-/Lilienstraße*

△ *Elbhof am Stubbenhok*

△ *Stella-Haus am Schaartor*

△ *Biberhaus, Ecke Merckstraße/Kirchenallee*

△ *Atlanten an der Langen Reihe in St. Georg*

△ DAG-Haus am Karl-Muck-Platz, Plastik von Ludwig Kunstmann (1930)

△ Hochschule für Bildende Kunst am Lerchenfeld, Plastik von Richard Luksch (1913)

△ Dammtorbahnhof (1903), Theodor-Heuss-Platz

△ Afrika-Haus (1899), Reichenstraße, Elefantenskulptur im Innenhof

△ *Das Haus der Seefahrt an der Ecke von Deichstraße und Hoher Brücke von 1909 bis 1910 von den Architekten Edgar Voßhag & G. Schlepps erbaut, ist ein sehr typisches Hamburger Kontorhaus aus der Zeit vor dem Ersten Weltkrieg, als Hamburg, nach London, der zweitgrößte Hafen Europas geworden war und hier 4,5 Prozent des gesamten Welthandels umgeschlagen wurde.*

△ Allegorische Bronzegruppe am Haus der Seefahrt, Hammonias Handel symbolisierend (oben links).
Portal eines Kontorhauses an der Mönckebergstraße (oben rechts).
Der Elbhof am Stubbenhok (unten).

△ Das 1247 gegründete Nonnenkloster nahe dem Dorf Herwardeshude (heute St. Pauli) verlegte 1295 seinen Sitz auf ein Gelände, das heute von den Straßen Harvestehuder Weg, Abteistraße, Heilweigstraße und Krugkoppel umschlossen wird. Dieses Kloster wurde 1530 abgerissen. Zurück blieb sein Name – aus Herwardeshude wurde Harvestehude – und sein Bestand an jahrhundertealten Eichen, die heute den Eichenpark an der Krugkoppel bilden. Und weil im 18. Jahrhundert der Lyriker Friedrich von Hagedorn hier unter den alten Bäumen gern weilte und in der gleichfalls dort befindlichen Gastwirtschaft einkehrte, erinnert heute ein Findling an diesen damals weit über Hamburg hinaus berühmten und vielgelesenen Dichter.

△ Um die Mitte des 19. Jahrhunderts begannen Hamburger Kaufleute, an der Außenalster gegenüber St. Georg prächtige Landsitze anzulegen, deren Gärten bis an das Wasser reichten. Allerdings büßten sie einen Teil ihrer Gärten ein, als zu Beginn dieses Jahrhunderts der Harvestehuder Weg angelegt wurde, der mitten durch sie hindurch führte.

△ *Wohnhaus an der Bellevue, erbaut 1949 von Cäsar Pinnau. Dieses Haus zählt zu den geglückten Bauten dieser Straße.*

△ *Häuser am Feenteich. In Hamburg nennt man das „eine Adresse", was man nicht unbedingt vom ganzen Viertel Uhlenhorst sagen kann.*

△ *Hier zu wohnen – mit dem Blick über die Außenalster auf die Innenstadt – ist ein vielbeneidetes Glück. Aber die Uhlenhorst ist erst spät bebaut worden; 1847 wurde das erste Haus errichtet, denn das sumpfige Gelände mußte erst eingedeicht und trockengelegt werden. Die Straße Bellevue (links oben) ist 1874 angelegt worden, allerdings blieb von ihrer ursprünglichen Bebauung fast nichts erhalten, dafür haben Bauspekulanten gesorgt. Ein ursprünglich „Uhlenhorst" genannter Bauernhof hat dem Viertel seinen Namen gegeben. In Hamburg wohnt man übrigens nicht „in Uhlenhorst", wie man vermuten könnte, sondern „auf der Uhlenhorst".*

Hotel Atlantic, Außenalster

△ Die Außenalster bietet ausgiebig Möglichkeiten zum Segeln oder zum Entspannen in den vielen Lokalen am Ufer.

△ Entlang des Harvestehuder Wegs erstreckt sich der Alsterpark mit großen Rasenflächen und vielen alten Bäumen, 14,5 Hektar groß.

△ Das wie ein Palast an der Außenalster liegende Hotel Atlantic ist neben dem Hotel Vier Jahreszeiten an der Binnenalster das vornehmste Hotel Hamburgs, eine sogenannte Nobel-Herberge. Es verfügt über 243 Zimmer und 13 Appartements, 13 Veranstaltungsräume und verschiedene gastronomische Einrichtungen. Unvergleichlich ist der Blick aus den oberen Räumen über die fast zu allen Jahreszeiten mit Booten bedeckte Außenalster bis hinüber zum anderen, mit Villen und Parks bestückten Ufer. Rechts ist der Turm des Hauptbahnhofs und links jener der Dreieinigkeitskirche in St. Georg zu erkennen.

△ *Einst war der Ortsteil Pöseldorf im Stadtteil Rotherbaum am rechten Alsterufer ein Geviert aus Dorf und Kleinstadt, wo jeder jeden kannte und wo die „kleinen Leute" lebten und in ihren Häusern und Gärten still vor sich hin „pöselten"; Gärtner lebten hier, Handwerker, Kutscher, alles, nur nicht die „große" Welt, die fernab lag. Und so war es bis in die Sechziger Jahre unseres Jahrhunderts hinein. Dann kam der Antiquitätenhändler Eduard Brinkama auf den Gedanken, die alten Handwerkerhäuser und Remisen, für die sich niemand interessierte, aufzukaufen und zu restaurieren und sie dann weiterzuverkaufen, im Innern fein stilvoll eingerichtet. Als Brinkama das 1959 erstmals unternahm, war das in einer Zeit des wütenden Abreißens keine schlechte Tat.*

Aber dann fanden es Gutbetuchte schick, hier zu wohnen und ihre Boutiquen und Demimonde-Kneipen zu betreiben. Das trieb sofort die Kosten in die Höhe und die alten Pöseldorfer systematisch aus ihrem Viertel. Was als Rettung des Überlieferten einmal begonnen hatte, führte letztlich zu seinem Ende.

△ *In Pöseldorf ist heute alles schick und schnieke. Hier muß Geld haben, wer gelten will.*

△ *Hübsche Innenhöfe gibt es mit Cafés und Biergärten, und wer sich etwas leisten kann, darf sich zugehörig fühlen.*

△ Bis 1930 gab es in Hamburg den 1861 gegründeten Zoologischen Garten, er befand sich auf dem Gelände, auf dem 1935 Planten un Blomen entstand. Der alte Hamburger Zoo konnte sich nicht länger gegen den viel attraktiveren Tierpark durchsetzen, den Carl Hagenbeck 1907 in Stellingen gegründet hatte. Hagenbecks Idee war, Tiere in Freigehegen zu zeigen, nur durch einen Wassergraben von den Besuchern getrennt und nicht länger hinter Gittern. Hagenbecks Tierpark ist bis heute ein Familienunternehmen geblieben, das sich ohne Subventionen erhalten muß, das erklärt die hohen Eintrittspreise. Jährlich kommen eine Million Besucher, und das Elefantentor empfinden sie längst als Stellinger Wahrzeichen.

△ Das Walroß ist eines von 2100 Tieren in Hagenbecks Tierpark.

△ Mit 180 Hektar ist der Stadtpark einer der größten Parks in Hamburg, 1912/14 angelegt.

△ Der 1913/14 von dem Dresdner Architekten Oscar Menzel erbaute Wasserturm im Stadtpark wurde zwischen 1920 und 1930 Planetarium.

△ Da der alte Friedhof vor dem Dammtor für die rund 360.000 Einwohner zählende Großstadt Hamburg zu klein geworden war, beschloß die Bürgerschaft 1874, außerhalb der Stadtgrenzen einen Zentralfriedhof anlegen zu lassen. Dazu wählte man ein acht Hektar großes Areal nahe dem Dorf Ohlsdorf. (Wie sich bei der Anlage herausstellte, hatte sich hier schon ein prähistorischer Begräbnisplatz befunden.) Dieser neue Friedhof wurde am 1. Juli 1877 eröffnet. Der Ohlsdorfer Friedhof war die Schöpfung des im Hamburger Staatsdienst wirkenden Architekten Johann Wilhelm Cordes, der maßgebend auch an der Gestaltung des Außenalster-Grüngürtels beteiligt gewesen war. Cordes, ab 1898 Friedhofsdirektor, hat den Ohlsdorfer Friedhof – es war der erste überkonfessionelle in Deutschland – mit dem sicheren Blick des Landschaftsgärtners wie einen großen öffentlichen Park gestaltet, ein wegweisendes Beispiel innerhalb der deutschen Gartenarchitektur. Das Verwal-

tungsgebäude, gleichfalls von Cordes entworfen, enstand von 1911 bis 1914. Als Cordes 1917 starb, hatte der Ohlsdorfer Friedhof bereits eine Ausdehnung von 193,4 Hektar erreicht. Bis dahin waren eine halbe Million Menschen hier beigesetzt worden. Seit 1892 wurden auch Einäscherungen vorgenommen. Ein jüdischer Friedhof entstand 1884 auf dem Ohlsdorfer Gelände. Mit heute 400 Hektar ist der Ohlsdorfer Friedhof einer der größten der Welt.

△ *Viele Hamburger Bürger haben ihre Grabstätten mit Skulpturen schmücken lassen, oft von namhaften Künstlern geschaffen. Das bedeutendste Ehrenmal entwarf 1952 Gerhard Marcks für die über vierzigtausend Opfer des Bombenkriegs, ausgeführt von dem Hamburger Bildhauer Hans Kock.*

△ Modernes Bauen in Hamburg: Der Neue Dovenhof an der Kleinen Reichenstraße/Ecke Brandstwiete wurde von 1991 bis 1994 von der Architektengruppe Kleffel, Köhnholdt und Gundermann errichtet (oben und Mitte). Neue Flächen für Bürohäuser wurden 1961 mit dem Bau der City Nord in Flughafennähe erschlossen (unten).

△ *Das neue Verlagshaus von Gruner + Jahr am Baumwall 11 – geschaffen von den Münchner Architekten Otto Steidle und Uwe Kiessler – wurde 1990 vollendet. Es ist wohl die Lage am Hafen, die dazu inspirierte, ganz bewußt Elemente aus dem Schiffsbau, vom Bullauge bis zur Reling, in das Erscheinungsbild aufzunehmen. Der Turm mißt vierzig Meter. Das imposante Bauwerk war in Hamburg nie unumstritten, brach es doch recht heftig und unvermittelt mit der an Elbe und Alster gewohnten Kontorhausarchitektur, fügt sich aber in das Hafenambiente gut ein.*

△ *Die Alster, rechter Nebenfluß der Elbe, ist 52 km lang. Man kann ihren Verlauf erwandern auf dem Alsterwanderweg, man kann ihn aber auch genauso zu Schiff erforschen, mit dem eigenen Boot oder den Schiffen der Weißen Flotte. Die Landschaft wirkt partiell wie unberührt von entstellenden Eingriffen, und so ist es auch nicht überraschend, daß es viele Hamburger in ihrer Freizeit hierherzieht. Am Oberlauf der Alster gibt es auch ein eigenes Alstertal-Museum, untergebracht im Torhaus des ehemaligen Wellingsbüttler Gutes, mit Funden aus der Siedlungsgeschichte des Alstertals und Zeugnissen einheimischen Handwerks. Hamburg ist eine grüne Stadt mit einem Waldgebiet von mehr als fünfzig Quadratkilometern. Westlich Wohldorf befindet sich das seit 1937*

zu Hamburg gehörende Naturschutzgebiet „Duvenstedter Brook", mit einer Größe von 780 Hektar, das seit 1958 unter Naturschutz steht. Hier gibt es – neben einem großen Wildbestand – seltene Pflanzen und einen großen Reichtum an Libellen und anderen Kleinlebewesen. Vor allem: Über 170 Vogelarten sind hier heimisch.

△ *Schiffe der Weißen Flotte erschließen den Oberlauf der Alster, und natürlich kann man mit ihnen auch Hamburg über das weitausgedehnte Netz seiner Fleete und Kanäle erkunden. Im Duvenstedter Brook gibt es weite mit Wollgras bestandene Flächen.*

△ Das Herrenhaus Wohldorf befindet sich im größten Naturschutzgebiet Hamburgs und ist ein beliebtes Ausflugsziel. Hamburgs Wappen bekundet, daß dieses Haus einmal Eigentum des Senats („Waldherrenschaft") gewesen ist.

△ Auf einer Insel in der Ammerbek befand sich im Mittelalter eine Wasserburg, die von der Stadt Hamburg 1440 gemeinsam mit den Walddörfern erworben werden konnte. Diese Burg ist längst verschwunden, an ihrer Stelle entstand von 1712 bis 1714 das Herrenhaus Wohldorf, dessen Inneres in den folgenden Jahrhunderten immer wieder verändert worden ist. Das damals fernab der Stadt gelegene Haus diente dem Hamburger Rat als Ort der Erholung und war zugleich Amtssitz der „Waldherren", jener Senatoren, denen die Verwaltung der Walddörfer unterstand. Von der alten Innenausstattung ist fast nichts erhalten geblieben, in seinem Äußeren ist das 1969 restaurierte Herrenhaus Wohldorf ein schönes und markantes Beispiel des Hamburger Landhausstils im 18. Jahrhundert.

△ Graf Heinrich Carl von Schimmelmann, dänischer Finanzminister, erwarb 1779 das Gut Wandsbek. Er und seine Frau liegen in dem Mausoleum begraben, das Carl Gottlob Horn 1791 errichtete.

△ Der Dichter Matthias Claudius und seine Frau Rebekka wurden nur wenige Meter vom Schimmelmann-Mausoleum beigesetzt. Claudius war der „Wandsbecker Bothe", den Schimmelmann nach Wandsbek berufen hatte.

△ Seit etwa 1600 bestand im dänisch regierten Wandsbek eine kleine jüdische Gemeinde, der 1637 die Erlaubnis erteilt wurde, einen eigenen Friedhof anzulegen, der weitgehend unversehrt erhalten geblieben ist und bis 1886 benutzt wurde. Heute steht er unter Denkmalschutz. Die dänische Regierung hatte stets eine betont

judenfreundliche Politik verfolgt, freilich nicht aus humanitären, sondern aus wirtschaftlichen Erwägungen. Denn die jüdische Gemeinde mußte jährlich für 9.000 Hamburgische Mark einen Schutzbrief erwerben, der ihr Sicherheit garantierte. Fast genausoviel war fällig, wenn in Kopenhagen ein Thronwechsel erfolgte. Außerdem stellten die tüchtigen jüdischen Kaufleute für Hamburg eine unliebsame Geschäftskonkurrenz dar, und da Hamburg selbst seine Juden unfreundlich behandelte, nahm der Zuzug nach Wandsbek zu. Eine Synagoge wurde der Gemeinde allerdings erst 1840 bewilligt; bis dahin mußten sie mit einem bescheidenen Betsaal vorliebnehmen.

△ Der auf Finkenwerder montierte Airbus ist ein internationales Produkt, wobei die deutsche Seite – Daimler-Benz Aerospace – mit 37,9 Prozent, die französische gleichfalls mit 37,9 Prozent, die britische mit 20 Prozent und die spanische mit 4,2 Prozent beteiligt sind.

△ Die ersten Flugzeuge aus der Airbus-Produktion flogen 1972; seither wurden 1800 Maschinen bestellt und ausgeliefert. Bei der Produktion herrscht internationale Zusammenarbeit. Aus Deutschland kommen große Teile des Rumpfes und das Seitenleitwerk. Auf Finkenwerder wird auch die Innenausstattung der Maschinen gefertigt

und montiert, ausgenommen die Typen A 330 und A 340. Die Modelle A 321 und A 319 werden in Hamburg endmontiert und ausgeliefert. Hamburg ist Sitz der Daimler-Benz Aerospace Airbus GmbH, hier finden Entwicklung und Konstruktion statt. Im Finkenwerder Werk werden auch die Passagierflugzeuge zu Frachtflugzeugen umgerüstet. Die Airbus-Flotte besitzt heute einen Weltmarktanteil von etwa 30 Prozent; unter den führenden Flugzeugherstellern ist sie – nach 25 Jahren – die Nummer 2. Die Deutsche Aerospace Airbus GmbH beschäftigt 22.000 Mitarbeiter und investiert mehr als 700 Millionen Mark allein in die technische Entwicklung.

△ *Schon seit 1855 lockt das Derby in Horn die Freunde des Rennsports und des gesellschaftlichen Glanzes. Das festliche Ereignis im Juli hat somit Tradition; nur von 1943 bis 1947 gab es, bedingt durch die Zeitumstände, in Horn keine Derbys.*

△ *Das erste Pferderennen in Horn fand am 28. und 29. Juli 1855 statt. Aber das Norddeutsche Derby wurde erst zwölf Jahre später gegründet und am 11. Juli 1869 erstmals auf der Horner Rennbahn ausgetragen. Von da an galt das Horner Derby als wichtigstes Rennen in Deutschland, das der Zuchtprüfung der dreijährigen*

Hengste diente. Dieses Derby war von nun an nicht nur ein sportlich-züchterisches, sondern auch ein gesellschaftliches Ereignis, an dem 1903 auch Kaiser Wilhelm II. teilnahm. Nach zeitbedingter Pause wurde die Tradition 1948 wieder aufgenommen und zwar auf jenem Gelände, das seit 1855 in Gebrauch ist. Und Tradition ist natürlich auch, daß man hier den neuesten modischen Schick zu sehen bekommt, die Kreationen der Hutmacher nicht zu vergessen, denn nicht nur die Pferde wollen bewundert werden. Sehen und Gesehenwerden ist ein wichtiger Bestandteil aller Derbys.

△ Das nach seinem Glockentürmchen so benannte „Glockenhaus" am Billwerder Billdeich 72 wurde zwischen 1779 und 1785 als Landhaus erbaut. Dabei konnten Teile eines ursprünglich hier errichteten Sommerhauses mit einbezogen werden. Der Festsaal im Obergeschoß bewahrt noch heute eine bemalte Balkendecke aus der zweiten Hälfte des 17. Jahrhunderts. In den Siebziger Jahren wurde das Haus einer umfassenden Restaurierung unterzogen und auch sein Garten im ursprünglichen Aussehen rekonstruiert. Das Glockenhaus – heute Sitz des Deutschen Maler- und Lackierer-Museums – ist ein charakteristisches Beispiel für die Landhausarchitektur des

Billwerder Gebiets, in dem der wohlhabende Hamburger seine Landhäuser und Gärten anlegte. Erst nach der Mitte des 19. Jahrhunderts, als es die Hamburger in die Elbvororte zog, fiel der größte Teil dieser alten Sommerhäuser der sich ausbreitenden Industrie zum Opfer.

△ Die einst selbständige Stadt Harburg-Wilhelmsburg fiel 1937 an Hamburg. Die schweren Zerstörungen des Bombenkriegs haben von seiner historischen Bausubstanz wenig übriggelassen. Zeugnis einstiger Größe ist das Rathaus. Das von 1888 bis 1892 im Stil des Historismus errichtete Gebäude ist das Werk des Architekten Christoph Hehl.

Altes Land, Neuenfelde

130

131

△ Das Alte Land ist das größte zusammenhängende Obstanbaugebiet Deutschlands (etwa 14.300 Hektar) und beliebtes Ausflugsziel zur Zeit der Baumblüte. Vom Wohlstand der Bauern zeugen große Höfe mit der charakteristischen „Prunkpforte" und dem bunten Fachwerk.

△ Von 1682 bis 1687 entstand die Kirche St. Pankratius in Neuenfelde, das seit 1937 zu Hamburg gehört. In diesem Dorf im Alten Land wurde 1648 einer der größten Orgelbauer geboren: Arp Schnitger, von dessen Kunst u. a. die Orgel in St. Jacobi zu Hamburg Zeugnis ablegt. Auch für die Kirche seiner Heimat hat er ein schönes Instrument geschaffen. Schnitger besaß in Neuenfelde einen Hof mit Orgelwerkstatt. Von seinem Ansehen kündet die für ihn gestaltete Loge in St. Pankratius, wo er 1719 auch seine letzte Ruhestätte fand. Unter den Bauernkirchen Norddeutschlands ist St. Pankratius ein wahres Kleinod, dessen reichgestaltetes Interieur – Kanzel, Taufbecken, Altarbild, ausgemaltes Tonnengewölbe und Orgel – vom Reichtum des Alten Landes zeugt.

△ *Das Bergedorfer Schloß hatte eine wechselvolle Geschichte. Die ursprüngliche Anlage aus dem 13. Jahrhundert wurde in der zweiten Hälfte des 15. Jahrhunderts durch einen Neubau ersetzt. Weitere An- und Umbauten erfolgten zwischen 1512 und 1593. Der Nordwestflügel wurde 1610 durch den noch heute existierenden Bau erneuert. Der Nordostflügel wurde 1897/99 abgebrochen und im neogotischen Stil wieder aufgebaut. Seit 1946 ist das Schloß, das einer umfassenden Restaurierung unterzogen wurde, Sitz des „Museums für Bergedorf und die Vierlande". Als im 15. Jahrhundert Hamburg und Lübeck gemeinsam die Ver-*

waltung der Vierlande übernahmen, residierten die Amtmänner der beiden Hansestädte hier im Schloß. Erst 1868 übernahm Hamburg, das bislang „beiderstädtisch" verwaltete „Amt Bergedorf", und Lübeck erhielt für seinen Anteil eine Ablösesumme in Höhe von 200.000 preußischen Talern.

△ Bergedorfs ältester Bahnhof (und einer der ältesten Deutschlands): 1842 eröffnet.

△ Eckfiguren am Gasthof „Stadt Hamburg", erbaut um 1550, restauriert 1959; Hamburgs ältester existierender Gasthof.

△ *Nachdem Hamburg und Lübeck gemeinsam 1420 dem räuberischen Herzog Erich von Sachsen-Lauenburg-Ratzeburg das Handwerk gelegt hatten und ihn aus Bergedorf verjagten, fielen die Vierlande an die beiden Hansestädte, die sie bis 1868 gemeinsam verwalteten. Das fruchtbare Land entwickelte sich rasch zum größten zusammenhängenden Gemüseanbaugebiet Deutschlands und sicherte auch Hamburgs Ernährung. So wurden hier 1746 die ersten Kartoffeln geerntet. Die üppigen Erträge an Obst und Gemüse bescherten den Vierländer Bauern einen beachtlichen Wohlstand, der sich im Reichtum ihrer schönen Tracht und in ihren Dorfkirchen widerspiegelt. Wie überall ist auch hier die alte Tracht aus dem Straßenbild verschwunden, nur bei festlichen Anlässen wird sie wieder hervorgeholt und mit Stolz getragen.*

△ St. Johannis in Curslack mit dem charakteristischen Turm und barocker Innenausstattung.

△ St. Nicolai in Altengamme gilt als das Kleinod unter den Vierländer Bauernkirchen, im 13. Jahrhundert erbaut; der freistehende Glockenturm stammt von 1605, darin eine Glocke aus dem 1804 abgerissenen Hamburger Dom.

△ Die Bauernkirchen in den Vierlanden überraschen und entzücken jeden Besucher durch die Fülle ihrer phantasievollen Einfälle. Ob Malereien oder Intarsien, alles verrät gediegene Kunsthandwerkergesinnung und liebevolle Pflege des Brauchtums. Doch wirklich ganz einmalig in Deutschland sind die schmiedeeisernen Hutständer (hier aus St. Nicolai in Altengamme und St. Johannis in Curslack) an den Bänken, in denen beim Sonntagsgottesdienst die Männer sitzen. Die hohen Zylinder der alten Vierländer Tracht mußten ja irgendwo untergebracht werden, und dafür waren diese Hutständer gedacht. Sie zeigen Blumen, Pflanzen, Herzen

oder kleine Genreszenen, aber auch das Hamburger und Lübecker Wappen, mit dem Doppeladler freundschaftlich vereint, denn von 1420 bis 1867 wurden die Vierlande von Hamburg und Lübeck gemeinsam („beiderstädtisch") verwaltet, zur Zufriedenheit aller Beteiligten. Dann aber (1867) verkaufte Lübeck seinen Anteil an Hamburg. Die Hutständer erinnern somit auch an die alte freundschaftliche Verbundenheit der beiden Hansestädte.

△ *Die Süderelbe bei Moorwerder, die charakteristische Landschaft der Marsch- und Vierlande. Nicht weit von hier, in Neuengamme, errichtete das Hitler-Regime 1938 ein Konzentrationslager. Bis 1945 arbeiteten hier und in den Außenstellen etwa 106.000 Häftlinge für das von der SS betriebene Klinkerwerk unter mörderischen Bedingungen: 55.000 haben diese sieben Jahre nicht überlebt, sie starben an Erschöpfung, Seuchen, an den Folgen erlittener Mißhandlungen und durch Hinrichtungen. Ein 1979 errichtetes Dokumentenhaus auf dem Gelände des einstigen KZs bezeugt in Wort und Bild die Leiden der Opfer.*

△ Zwanzig Jahre nach dem Ende des Konzentrationslagers Neuengamme entstand hier eine Gedenkstätte für die 55.000 Opfer, 1979 erweitert durch ein Dokumentenhaus. Die Bronzefigur, die an die Qualen der Häftlinge erinnert, schuf die französische Bildhauerin Françoise Salmon.

△ Zwei Kentauren, die um einen Fisch kämpfen: Der bronzene Stuhlmann-Brunnen des Bildhauers Paul Türper entstand 1900 und soll die Rivalität zwischen Hamburg und Altona als traditionellen Fischmarkt symbolisieren.

△ Das neue Altonaer Rathaus wurde von 1896 bis 1898 von Emil Brandt erbaut, da das alte (1716/21 errichtet, 1943 zerstört) für die Bedürfnisse einer modernen Großstadt (1890: 143.000 Einwohner) zu klein geworden war. Emil Brandt bezog bei seinem Entwurf das 1844 errichtete Empfangsgebäude des ersten Altonaer Bahnhofs als Rückseite mit ein. Unmittelbar an der

Südostecke des alten Bahnhofsgebäudes wurde 1874 unterirdisch ein 395 Meter langes Teilstück der 1210 Meter langen Hafenbahn verlegt, die den Altonaer Hafen mit dem Bahnhof verband, wegen der Fischtransporte im Volksmund „Schellfischbahn" genannt. Seit der Einführung von Fischauktionen im Altonaer Hafen (1887), nahm der Fischhandel die wichtigste Position im Altonaer Wirtschaftsleben ein, zumal es jetzt möglich geworden war, durch die Einführung von Kühlwagen Fisch auch über weite Strecken ins Binnenland zu transportieren. Seit Altona 1937 zu einem Teil Hamburgs geworden ist, hat das Bezirksamt Altona im Rathaus seinen Sitz.

△ *Das Altonaer Museum besitzt eine Sammlung von 37 Galionsfiguren. Diese im 16. Jahrhundert entwickelten Skulpturen zierten den Vorbau des Bugspriets, genannt Galion. Die hier abgebildete Figur zeigt Thalia, die Muse der Komödie, die in der Linken ein Tambourin hält. Die Figur ist aus Ulmenholz geschnitzt, gut erhalten und mißt etwa 170 Zentimeter. Entstanden ist sie in der ersten Hälfte des 19. Jahrhunderts. Wie bei den meisten der erhaltenen Galionsfiguren – weltweit existieren noch rund zweitausend in privaten und öffentlichen Sammlungen – wissen wir auch bei der Thalia nicht, zu welchem Schiff sie einmal gehört hat, noch weniger kennen wir den Namen des Bildschnitzers. Von der Thalia wird vermutet, daß sie von der Werft Ernst Dreyer, Neuhof am Reiherstieg, stammt.*

△ *Altonas schönste Straße, die Palmaille, entstand 1638/39 und sollte auf drei parallel laufenden Bahnen, eingefaßt von vier Baumreihen, dem Palmaille-Spiel dienen. Ihr klassizistisches Gepräge gab ihr zwischen 1796 und 1805 der dänische Landesbaumeister Christian Frederik Hansen, der hier neun Wohnhäuser baute. Sein Neffe ergänzte das Werk 1824/25 mit zehn weiteren. Trotz der schweren Bombardierung Altonas im 2. Weltkrieg wurden von diesen Bauten nur drei zerstört; vier Häuser hatte man zu Beginn des 20. Jahrhunderts abgerissen. Einen Platz wie die Palmaille habe „Hamburg keinen aufzuweisen", begeisterte sich 1828 der süddeutsche Schriftsteller Karl Julius Weber; 109 Jahre später war Altona zu einem Stadtteil Hamburgs geworden.*

△ *Salomon Heines Landsitz in Neumühlen, vom Dichterneffen Heinrich als „Affrontenburg" geschmäht, ist längst abgerissen worden; erhalten blieb nur das 1832 erbaute Gartenhaus, heute Gedenkstätte für die beiden Heines, den Bankier und den Schriftsteller, im Nachruhm liebevoller vereint als einst im Leben.*

△ „Ich kenne keine Gegend, wo ein toter Dichter so gut begraben liegen kann", wie Klopstock auf dem Friedhof der Christianskirche, schrieb Heine, der das Grab nahe dem Landsitz seines Onkels gut kannte. Am 14. März 1803 wurde Friedrich Gottlieb Klopstock hier mit einem Gepränge beigesetzt, wie es keinem deutschen Autor weder vorher noch nachher widerfahren ist. Mehr als zehntausend Menschen folgten dem Sarg von Hamburg nach Ottensen, von allen Kirchtürmen läuteten die Glocken, die Schiffe im Hafen hatten halbmast geflaggt. Klopstock liegt an der Seite seiner ersten Frau Meta; deren Nichte Elisabeth wurde seine zweite Frau; auch sie ist hier beigesetzt. Das Grabmal schuf der Stuttgarter Bildhauer Philipp Jacob Scheffauer 1804.

△ *Övelgönne, eine der beliebtesten Flaniermeilen Hamburgs, war im 17. Jahrhundert ein reines Gewerbegebiet. Der Name bedeutet, daß der Ort nur „übles gönnt", von der Natur also vernachlässigt worden ist. Doch als (mit dem Rückgang des Walfangs) die stinkenden Trankochereien verschwanden, ließen sich Fischer und Elblotsen am Strand von Övelgönne nieder, und um die Mitte des 19. Jahrhunderts avancierte Övelgönne zur beliebten Sommerfrische der Hamburger, denen die Lotsen ihre Häuser als Urlaubsquartiere anboten. Die ältesten Häuser an dieser Straße stammen aus den Jahren von 1709 bis 1712, 1723 und 1736. Övelgönne wurde 1890 von der Stadt Altona eingemeindet und kam 1937 mit Altona zu Hamburg.*

△ *Daß Neumühlen zu Beginn des 19. Jahrhunderts noch ein Ort der Stille und der Abgeschiedenheit war, kann man sich nicht mehr ganz leicht vorstellen. Der Hafen, damals noch in weiter Ferne, ist inzwischen nahe herangerückt, und statt der lautlos dahingleitenden Segelschiffe pflügen heute mächtige Containerschiffe die Elbe. Für die Spaziergänger dennoch eine beeindruckende Begegnung.*

△ Das 1817 erbaute „Landhaus Brandt" (nach seinem Bauherrn, dem Kaufmann Wilhelm Brandt, benannt) an der Elbchaussee zählt zu den schönsten Villen an dieser Straße. Angeblich soll ein säulengeschmücktes Schloß auf der Krim Brandt die Anregung gegeben haben; der Kaufmann war die meiste Zeit seines Lebens in Rußland tätig, vornehmlich in Archangelsk, wo er eine florierende Reederei betrieb. Nachdem die Familie 1871 das Haus verkauft hatte, erlebte es häßliche Tage. Der große Park wurde um die Hälfte verkleinert, das Innere des Hauses 1936 in Einzelwohnungen aufgeteilt, und nach dem Zweiten Weltkrieg verwahrloste das sich in einem desolaten Zustand befindliche Haus dermaßen, daß man um seine Substanz fürchten mußte. Dann aber fand sich

ein kunstsinniger Liebhaber, der den Besitz sehr aufwendig restaurieren und auch in seinem Innern nach den Originalplänen wiederherstellen ließ. So ist das Landhaus Brandt wieder zu dem Schmuckstück geworden, das es einst einmal gewesen war.

△ Johann August Arens baute 1794 das Landhaus des Kaufmanns und Sozialreformers Caspar von Voght in Klein Flottbek.

△ Das „Halbmondhaus" war einmal das Stallgebäude des auf der anderen Straßenseite liegenden Landhauses Thornton, 1795/96 von Christian Frederik Hansen erbaut.

△ Das Jenischhaus wurde von 1828 bis 1834 von Franz Gustav Joachim Forsmann erbaut.

△ Ernst Barlachs Holzskulptur „Das Wiedersehen" befindet sich im Ernst-Barlach-Haus, das die Barlach-Sammlung von Hermann F. Reemtsma verwahrt, eine Stiftung, für die Werner Kallmorgen 1962 das Gebäude im Jenischpark entwarf.

△ Senator Martin Johann Jenisch d. J. ließ sich das klassizistische Landhaus erbauen, wobei Anregungen von Karl Friedrich Schinkel in den Entwurf Forsmanns aufgenommen wurden. Seit dem 1. Januar 1939 befindet sich das Haus im Besitz der Stadt Hamburg und ist heute eine Außenstelle des Altonaer Museums, das hier die Ent-

wicklung der Hamburger Wohnkultur dokumentiert. Das Interieur ist nicht mehr das ursprüngliche, das längst nicht mehr existiert. Bei der umfassenden Restaurierung 1954 nahm man Möbel und Kronleuchter im unteren Elbsalon aus dem Haus des Konferenzrats G. F. Baur (Palmaille 49). Im Vordergrund eine italienische Marmorkopie der Venus von Medici, in der Mitte des Raumes die 1838 geschaffene Marmorplastik „Badende" des schwedischen Bildhauers Byström. Die Rekonstruktion dieses Raums vermittelt einen guten Eindruck vom Aussehen eines Hamburger Salons um 1830.

△ Die vielfältigen Anregungen, die der Hamburger Kaufmann Caspar von Voght auf seiner Englandreise von 1793 bis 1795 empfing, besonders die Eindrücke vom englischen Landschaftsgarten, weckten in ihm den Wunsch, etwas Ähnliches in seiner Heimat zu schaffen. So hatte Voght 1785 und 1786 in Flottbek vier Bauern-

höfe gekauft, auf deren Grund nun ein Park entstand, den er als „ornamented farm", als geschmückten Hof, bezeichnete. Das bedeutete: Ein landwirtschaftlich genutzter Besitz, der auch das ästhetische Empfinden befriedigen sollte durch Baumgruppen, Gehölze und Wasser. Im Alter von 76 Jahren verkaufte Voght sein Flottbeker Gut 1828 an seinen Freund, den Senator Martin Johann Jenisch. Der heutige Jenisch-Park entspricht etwa einem Viertel der ursprünglichen „ornamented farm" Voghts. Seinen besonderen Reichtum machen die alten Bäume aus.

△ *Aus dem Besitz des Hamburger Kaufmanns Berend Johann Rodde erwarb 1786 Johann Cesar IV. Godeffroy (1742 – 1818) dessen Grundstück in Dockenhuden und ließ daraus eine von den Zeitgenossen vielbewunderte Gartenlandschaft entstehen. Umgeben von einem Bestand jahrhundertealter Bäume liegt darin das Landhaus Godeffroys, genannt „Hirschparkhaus". Der Enkel des Erbauers, Johann Cesar VI. Godeffroy (1813 – 1885), ließ den Besitz großzügig aufforsten und ein Wildgehege anlegen, dem das Haus seinen späteren Namen verdankt; sein Besitz reichte damals von Dockenhuden bis nach Rissen. Nach dem Tod Godeffroys 1885 wurde der Park an den Altonaer Kaufmann Ernst Wriedt verkauft. Nach dessen Tod 1924 erwarb die Gemeinde Blankenese den Hirschpark und machte ihn der Öffentlichkeit zugänglich.*

△ *Das Hirschparkhaus, erbaut von 1789 bis 1792 von Christian Frederik Hansen, Schöpfer zahlreicher Bauten an Palmaille und Elbchaussee.*

△ *Das Hirschparkhaus beherbergt heute eine Ballettschule. „Der Ruhe weisem Genuß" lautet die von Godeffroy gewählte Inschrift über dem Eingang.*

△ *Kaufmann Peter Godeffroy erwarb 1789 das Grundstück Elbchaussee 547 und ließ sich hier von Carl Frederik Hansen ein schönes Landhaus bauen, genannt „Weißes Haus", umgeben von einem Park im Stil des englischen Landschaftsgarten. In seiner ursprünglichen Größe besteht dieser Besitz nicht mehr, denn ein späterer Eigentümer ließ einen Teil parzellieren.*

△ *Wie bei fast allen Landhäusern der Zeit um 1800, die meist nur im Sommer bewohnt wurden, besteht das Erdgeschoß aus ineinander übergehenden repräsentativen Räumen, oft Schauplatz prächtiger Feste oder vornehmer Empfänge. Das Obergeschoß blieb den intimeren Privaträumen vorbehalten. Der Hamburger Kaufmann schätzte zwar den französisch geprägten Klassizismus, liebte aber englische Möbel wie überhaupt eine englisch beeinflußte Innenarchitektur. Beide Stilrichtungen schlossen einander nicht aus. Die letzten Besitzer des Weißen Hauses – seit 1920 Karl Sieveking, John T. Essberger und Lieselotte von Rantzau – haben den Park und die Interieurs liebevoll restauriert und gepflegt. So ist aus diesem Landhaus ein wahres Kleinod, reich an Kunstwerken, geworden.*

△ *Die im bäuerlichen Fachwerkstil erbaute Kirche von Nienstedten wurde am 16. Mai 1751 mit einer Festkantate von Georg Philipp Telemann eingeweiht. Damals war diese Kirche für die seelsorgerische Betreuung der Dörfer zwischen Othmarschen und Blankenese zuständig; heute läßt sich hier das noble Hamburg gerne trauen und nennt die Kirche deswegen „Hochzeitskirche". Gebaut hat sie der Königliche Landbaumeister Otto Johann Müller und der Tischlermeister Johann Balthasar Hannemann, und alles zeugt von solidem Handwerk und Bodenständigkeit.*

△ *Für den Dichter Richard Dehmel erbaute Walter Baedeker 1911 ein Haus, für das Peter Behrens die Möbel, Henry van de Velde die Lampen und Emil Orlik die Tapeten entwarf. Das Haus, in dem der Dichter bis zu seinem Tode 1920 lebte, befindet sich in der Richard-Dehmel-Straße 1 in Blankenese und steht unter Denkmalschutz. Als der Dichter 50 Jahre alt wurde, machten ihm seine Freunde dieses Haus, das er bis dahin als Mieter bewohnt hatte, zum Geschenk.*

△ Die auf dem 85 Meter hohen Süllberg zu Ende des 11. Jahrhunderts angelegte Burg, die Erzbischof Adalbert zusammen mit einem Kloster anlegen ließ, scheint das früheste Zeugnis einer Bebauung Blankeneses zu sein. Die Anlage wurde bald durch Kriegswirren zerstört. Als Dorf wird Blankenese – der Name meint eine blanke Bergnase – erstmals 1302 erwähnt; hier bestand eine wichtige Fährverbindung zum gegenüberliegenden niedersächsischen Ufer. Der Ort, der 1834 schon 3.000 Einwohner zählte, lebte durch die Jahrhunderte hindurch vom Fischfang, zu dieser Zeit aber auch schon vom Tourismus; deswegen konnte auch 1838 mit dem Bau einer

Gastwirtschaft auf dem Süllberg begonnen werden. Blankenese bietet heute ein immer noch erstaunlich intakt gebliebenes Erscheinungsbild mit vielen alten, gutgepflegten Fachwerkhäusern und Treppen mit über viertausend Stufen.

△ Nicht nur das Äußere, auch die alten Interieurs der einstigen Fischerhäuser werden liebevoll gepflegt. Aber kein Freilichtmuseum: In diesen Räumen kann man leben und leben lassen. In Blankenese, so scheint es zuweilen, läuft die Zeit ein wenig langsamer, doch dafür um so intensiver.

Falkenstein, Süllberg

△ *Am Falkensteiner Ufer mit dem weiten Elbblick gibt es noch Gebiete, die wie unberührt wirken und in denen sich schöne Spaziergänge machen lassen.*

△ *Und da viel Platz ist, finden auch die Freunde des Golfsports hier ihren Rasen und stets eine erlesene, betuchte Gesellschaft.*

△ *Im 11. Jahrhundert stand auf dem 76 Meter hohen Süllberg in Blankenese eine längst verschwundene Burg. Daran dachte 1837 Peter Georg Carl Hansen, der seine Milchwirtschaft mit einem hohen Turm bekrönte von burgähnlichem Ausmaß. Daraus wurde, noch ein Stückchen vornehmer, ein 1887 errichtetes Restaurant mit unvergleichlichem Elbpanorama. Mit ihm hat Blankenese gut über hundert Jahre leben können, ehe denn die Spekulanten kamen, gegen die in Hamburg noch nie ein Kraut gewachsen war. Und so muß denn das unrentable Restaurant weit rentableren Luxusappartements weichen. Nicht, daß hier ein Stück erhaltenswerter Architektur verschwände: Es verändert sich Blankenese, und ganz gewiß nicht zu seinem Vorteil.*

△ *Das Landhaus Michaelsen, Grotiusweg 79, wurde von 1923 bis 1925 von Karl Schneider erbaut. Das für Ite Michaelsen entworfene Haus gehört zu den schönsten Privathäusern Hamburgs und wurde schon früh zu Recht als eines der vollkommensten Zeugnisse des „Neuen Bauens" gefeiert. Das Gebäude wurde aus weißgeschlämmten Ziegeln errichtet; seine betont kubische Gestaltung kündet vom Einfluß des Dessauer Bauhauses. Es ist im Sven-Simon-Park am Falkensteiner Ufer gelegen und beherbergt seit 1986 – nach der Restaurierung des völlig verwahrlosten Hauses – das Puppenmuseum Falkenstein von Elke Dröscher.*

△ *Puppen aus den letzten zwei Jahrhunderten zeigt das Museum der Galeristin Elke Dröscher. Aus dem Spielzeug von einst ist längst ein begehrtes Objekt der Sammlerlust geworden. Heute sehen wir in diesen Puppen nicht nur Kinderspielzeug, sondern erkennen in ihnen auch das getreue Abbild jener Epochen, in denen sie entstanden sind.*

△ Auf einer kleinen Watteninsel vor der Elbmündung einen Turm zu bauen, diese Erlaubnis erwirkte sich Hamburg im 14. Jahrhundert vom Herzog von Sachsen-Lauenburg. Der Turm sollte als Seezeichen dienen (mit Leuchtfeuer) und auf ihm eine Besatzung zur Rettung Schiffbrüchiger stationiert werden. Der Turm wurde 1310 fertig und „dat nige wark" (das neue Werk) genannt, und von daher hat die Insel ihren heutigen Namen: Neuwerk. Der jetzige Turm entstand gegen 1377, Hamburgs ältestes Baumonument, das die Jahrhunderte überdauert hat. Bei Ebbe kann man hier mit dem Pferdefuhrwerk durchs Watt fahren. Und wenn auch Neuwerk weit draußen im Wasser liegt (fast 120 km von Hamburg entfernt): Verwaltungstechnisch gehören Insel und Turm zu Hamburgs Bezirk Mitte.

△ *Wasser, Wind und Wolken: Trotz Motorboot und Containerschiff - das eigentliche Erlebnis auf dem Wasser verbindet sich noch immer mit dem Segeln, mit dem Rauschen von Wind und Wasser und dem Geruch des Meeres, der sich hier schon ahnen läßt. Zwar zeigt Hamburgs Wappen ein festverschlossenes Tor zum Schutz seiner Bürger, aber die Stadt verstand sich zugleich immer als Tor zur Welt, und das ist sie in ihrer über tausendjährigen Geschichte geblieben.*

2 Ceramic artwork, created by the Hamburg sculptor Richard Küöhl in 1926, decorates the façade of the Revenue Authority building at Gänsemark, designed by Fritz Schumacher.

6/7 View of Hamburg from the bank of the Elbe river, painted by Joachim Luhn the Elder in 1681. Today, this painting hangs in the Jacobi church. The green island is the Grasbrook, where the livestock of the citizens graze. Behind it, one sees the fortifications, which surround the entire city, as well as the spires of the churches Groß St. Michaelis, St. Nicolai, St. Katharinen and St. Petri, of the Cathedral (Dom) and St. Jacobi church (from left to right). It's not by chance that the three steeples at the left look alike: they were all erected by Peter Marquard, one of the most renowned master builders of steeples of the 17th century. The fortification system, erected 1616 – 26 by the Dutch master builder Johann van Valckenburgh, permitted future extension of the city, where some 60,000 people lived at the time.

14/15 About 1230, the Alster river was dammed up in order to drive a mill and the flooded Alster lowlands (180 ha) came to be known as the Inner and Outer Alster. The old mill dike between Bergstraße and Gänsemarkt is now called Jungfernstieg. At the far left, one can make out the 145-m-high steeple of the Nicolai church, surrounded by scaffolding for restoration work, and the adjacent tower of the Town Hall (112 m), completed in 1897. The panorama shown here was completely destroyed by fire in 1842, but was rebuilt to an even greater and more impressive form.
The Town Hall, built 1886–97 by a group of architects headed by Martin Haller. Here reside the Mayor, the Senate and the City-State Parliament. This pompous edifice in a historicist style is 111 m by 70 m large. In view of the unstable subsoil, it was built on four thousand piles rammed into the ground.

16/17 Hamburg's Stock Exchange, founded in 1558, is the oldest one in Germany. Despite modern equipment, its interior still retains the clear-cut classical style endowed by the city master builder Carl Ludwig Wimmel, who built the edifice from 1839 to 1841. Today, it is also the seat of the Hamburg Chamber of Commerce and the Commerzbibliothek, which was founded in 1735 and is the world's oldest commercial library.

18/19 The Alster Arcades, built in Venetian style by Alexis de Chateauneuf and completed in 1846, four years after a fire had destroyed the site of the former Voglerswall. In the early morning of New Year's Day 1990, part of the Alster Arcades became the victim of an arson attack. Meanwhile the original condition has been restored. Reputable and traditional shops are to be found there and lots of cafés invite for a rest, to look at the Kleine Alster and to observe the beloved Alster swans, which are virtually sacrosanct: as early as 1664, the Senate placed them under its explicit protection.

20/21 The Reesendamm, built about 1230 between Bergstraße and the later Gänsemarkt to dam up the Alster, was enlarged in 1665 and planted with two rows of lime trees; the street was paved with cobble stones. As the new road became a very popular promenade, frequented particularly by women, it soon acquired the colloquial name of "Jungfernstieg". In 1796, the promenade was widened and a third row of lime trees planted along the water's edge. The old buildings were fully destroyed by fire in 1842. The large building in the centre is the former hotel "Hamburger Hof", today reconstructed to house a shopping arcade. The residence to its right is named after the banker Salomon Heine, whose house once stood there. He not only supported his famous nephew, the poet Heinrich Heine, but proved to be a benefactor of his beloved adopted home town, Hamburg.
Prior to 1825, the Neue Jungfernstieg area looked quite different. The rich and well-to-do had their houses and gardens there and enjoyed the pleasant view over the "Alsterbassin".
From 1825 to 1826, the Neue Jungfernstieg was laid out on the east side of the Inner Alster, and on the opposite side the Ballindamm, built in 1842. From there, one has a magnificent view over the water and towards the new tower blocks on the Esplanade.

22 The Hotel Vier Jahreszeiten, founded in 1897 by Friedrich Haerlin and situated in the Neue Jungfernstieg No. 9–14, is considered to be among the world's ten best hotels. Part of its 175 rooms and suites give a magnificent view of the Inner Alster.

23 The Overseas Club (Übersee-Club), an association of business people and without doubt one of the finest clubs, has what the Hamburger calls "an address": Neuer Jungfernstieg No. 19, Amsinck-Palais. The noble classicist edifice, built between 1831 and 1833 by Franz Gustav Forsman for the banker Gottlieb Jenisch, passed after Jenisch's death into the hands of the Amsinck family. Today, both the inside and outside of the Palais demonstrate the finest of Hanseatic housing culture.

24/25 Merchant's house at the corner of Große Bleichen and Bleichenbrücke, built 1906 and altered in 1978 (by Graf, Schweger & Partner), with a court-well through all six storeys. Hansa district between Poststraße, Große Bleichen and Heuberg, built 1979 – 81 by the architects M. von Gerken, V. Marg & Partner. Galleries between Große Bleichen and Bleichenfleet, built 1978 – 83 by the architects Robert and Trix Haussmann.
Arcades are a typical feature of Hamburg. The Mellin-Passage (1846) between Neuer Wall and the Alster river is one of the oldest still existing. Its original mural painting (from about 1900) came to light only during restoration work following the arson attack on New Year's Day 1990. Thorough reconstruction and old-style shops rich in mahagony have made this arcade a real gem of commercial architecture.

26 The Gänsemarkt features two important examples of Hamburg's architecture: at left, the Revenue Authority building, erected 1919 – 26 by Fritz Schumacher, at right the former Deutschlandhaus, built 1928 – 29 by the architects Block and Hochfeld, damaged during the 2nd World War and restored in 1982. Prior to the war damage, this building housed the biggest cinema in Hamburg. The statue in the centre shows Gotthold Ephraim Lessing, who from 1767 to 1770 was dramaturge at the Gänsemarkt theatre, where his drama "Minna von Barn-

helm" had its debut on 30.9.1767. Fritz Schaper produced this monument in 1881.

27 The old Post Office, built 1846 by Alexis de Chateauneuf. A room inside the Revenue Authority building, whose original design has been retained.

28/29 Lively theatre, though not always undisputed, has been presented by the Deutsche Schauspielhaus for over 95 years. The theatre in the Kirchenallee – with 1,400 seats the biggest in Germany – was built in 1900 by the Austrian architects Ferdinand Fellner and Hermann Helmer. Businessmen of Hamburg financed this magnificent building with a million marks, a huge amount in those days. The sculptures (Poets and Muses) are creations by Carl Garbers, the ceiling painting ("Appollo and Hammonia") is a work by Carl Marr.

30/31 The first Hamburg opera house opened its doors on 2 January 1678. In contrast to the music temples of the princely residences, it was open to everybody who could pay, and was frequented by all social classes. The programme was in accordance with public taste, for subsidies were unheard of. From 1722 to 1738, Georg Philipp Telemann was its director, from 1891 to 1897 Gustav Mahler. After the end of the 2nd World War, the first directors of the "Hamburgische Staatsoper" were Günther Rennert, Rolf Liebermann and August Everding. In 1973, John Neumeier became director of the ballet which today is considered to be the best in Germany.

32 The Colonnaden, built around 1877 in an historicist style, connect Esplanade and Jungfernstieg. The buildings and arcades survived the air raids; today, the whole complex is listed as a historic monument.

33 The main post office at Stephansplatz (below) was built between 1883 and 1887. Its spire is crowned by a gilded statue of Mercury (above right). Of the original construction of the Esplanade (1827 to 1830) by Carl Ludwig Wimmel, only one house survived: No. 37. It is described in Thomas Mann's "The Magic Mountain" as the house of Hans Castorp's grandfather.

34/35 The St. Petri church, presumably founded in the first half of the 11th century, is Hamburg's oldest church apart from the cathedral which does not exist anymore. The bronze door-pull at the west portal is the most ancient known art work of the city (around 1342).
St. Petri, seen from the Bergstraße: on 7 May 1842 the church was completely destroyed by fire. A large part of the invaluable interior was rescued, however. Fife years later, a faithful reconstruction of the church began, led by the architects Alexis de Chateauneuf and Hermann Fersenfeldt.

36 This figure of St. Ansgar, carved in oak around 1480, stands in St. Petri and portrays the "Apostle of the North", who is regarded as being Hamburg's founder, for he established the Hammaburg around 825, a religious mission which was to become the nucleus of Hamburg. St. Ansgar is presented in the vestments of a bishop; his right hand holds the crosier, his left a model of a church, whose steeple resembles that of the Hamburg cathedral (Dom). This figure stood there, opposite to St. Petri, until demolition of the Dom began in 1804, and was later donated to the reconstructed church.

37 In 1962, during excavations for construction work at Speersort, the circle-shaped foundations of the "Steinerne Haus", the so-called stone house, were found. This tower, made of uncut stones, was the residence of Archbishop Bezelin during his visits to Hamburg, coming from his main residence in Bremen. It stood at the highest point of Hamburg next to the city fortification called Heidenwall and is thought to have been demolished in the 13th century. The stones were used to pave the Steinstraße.

38/39 The church of St. Jacobi is first mentioned in records of 1255. The present building dates back to the middle of the 14th century. The steeple, originating from 1420, has been modified many times and acquired its present appearance in 1963, following the repair of war damages.
Organ of St. Jacobi, built by Arp Schnitger of Neuenfelde, one of the most famous master builders of organs. The instrument, completed in 1693, possessed such a wonderful timbre, that J.S. Bach applied to the church in 1720 for the post of organist. He was rejected, however, because he refused to buy the post for a considerable sum, which was often demanded in those times. In view of the heavy air raids of summer 1943, it was decided to dismantle the organ and store it in a bunker. This measure proved to be just in time, for on 18 June 1944, the church was hit by bombs and burned out completely. Only the organ survived and could be reinstalled in 1961.

40/41 The church of St. Katharinen was constructed between 1350 and 1450. After the old steeple was blown down in a hurricane on 15 February 1648, it was rebuilt (1656 – 1658) by the master builder Peter Marquard of Plauen and acquired its present shape and height (115 m). Following war damage, the church was reconstructed (1950 – 1957) in its original style. The parish of St. Katharinen, however, was severely affected by the Ost-West-Straße, which was built after the 2nd World War, cutting into the former old town. Nothing remains of the original structures of St. Katharinen and St. Nicolai parishes.
St. Katharinen is devoted to Saint Catherine, whose attribute is the cartwheel. The wood-carving (15th century) is one of the few original works of art to survive the inferno of 1943.

42 This house in Ost-West-Straße, built 1761/62, is the only remaining Baroque building in Hamburg. Its well-preserved front house once formed part of a brewery.

43 This house at Schopenstehl was built 1885 – 88 by Arthur Viol, integrating a Rococo façade from about 1780.

44/45 The Chilehaus between Burchardplatz and Meßberg, built 1922 – 24 by Fritz Höger, is one of the most important examples of North-German clinker architecture and the first major building erected in Hamburg after the end of the First World War. The ornamental and figurative decoration on the façade is a work of Richard Kuöhl. The house, whose shape brings to mind the bow of a ship, was named by its owner, the merchant Henry Sloman, who was engaged for 32 years in the saltpetre trade in Chile.

46/47 A bronze sculpture by Georg Wrba decorates the Mönckeberg

fountain in Mönckebergstraße. Just a few steps behind it, at the corner of Spitaler- and Lilienstraße, is the office-building called "Seeberg", built 1908 – 1909 and very characteristic of the commercial architecture favoured by the Hamburg merchants in the period prior to the First World War.
The Mönckebergstraße, named after Mayor Johann Georg Mönckeberg, owes its existence indirectly to the terrible cholera epidemic of 1892, which resulted in 8,605 deaths and caused great damage to Hamburg's economy. In order to eradicate the health-endangering slums in the heart of the city, the Senate decided to completely demolish and reconstruct the area between Steinstraße and Spitalerstraße. From 1908 until 1913, a major road-construction project was carried out between the Rathausmarkt and the main railway station, the latter having been completed in 1906. Thanks to a special law, the city was able to purchase the relevant plots of land and to use its influence in order to achieve a coherent planning concept for the area. Witness of the result are several buildings in the Mönckebergstraße which survived the war, such as the Klöpperhaus (today a department store) by Fritz Höger, the Hulbe-Haus (No. 21) by Henry Grell and the former Public Book Halls by Fritz Schumacher.

48/49 On the site of the first Thalia-Theater, a new theatre was built between 1910 and 1912 by the architects Lundt and Kallmorgen. It was damaged by bombs in April 1945. The subsequent rebuilding (1956 – 1960) was led by Werner Kallmorgen. Founded in 1843, with seating for 1,800 people, the Thalia-Theater offered light theatre programmes; tragedies, operas and dramas of more than two acts were forbidden. This ban was not lifted until 1869. After 1945, pieces by Arthur Miller and Tennessee Williams were presented, and in the 1980's, presentations of dramas by Ernst Barlach attracted attention.

50/51 The flower shop inside the main railway station, tiled with yellow and green majolica, is a beautiful and striking example of the late Art Nouveau period (1890 – 1910).
Up to the beginning of the 20th century, there were four terminus stations for long-distance trains in Hamburg. Trains coming from Cologne or Bremen had to pass almost the entire city at walking pace, accompanied by a railwayman on foot and ringing a bell. Finally, in 1906, the main railway station came into operation. The "Hauptbahnhof" was severely demaged during the Second World War, but its appearance remained largely unchanged. In the course of a comprehensive renovation, which began in the 1970's, the old entrance hall was transformed into shopping arcades.

52/53 Whether Renoir, Rodin or Edouard Manet's renowned "Nana": The growing collections of the Kunsthalle not only attract numerous visitors, especially young people, but will require a further extension of the building, soon to be carried out by Oswald Mathias Ungers. Established in 1868, the gallery has had to be enlarged twice already, in 1886 and in 1914. Alfred Lichtwark (1852 – 1914), the first director of the Kunsthalle, concentrated at first on the works of Hamburg artists, such as the masters of the Middle Ages, Bertram and Francke, and the 19th century, but later widened his approach by inviting contemporary artists, such as Max Liebermann, Edouard Vuillard and Pierre Bonnard, to Hamburg to paint there. One of the most beautiful paintings on view is Philipp Otto Runge's portrait of the Hülsebeck children. The gallery owns the largest collection of works by this important Hamburg romanticist, as well as a remarkable number of paintings by Caspar David Friedrich.

54/55 Sculpture by Richard Luksch in the Museum für Kunst und Gewerbe. Founded in 1868, the Arts and Crafts Museum possesses the world's greatest "Jugendstil" collection.
Window design by Carl Otto Czeschka and furniture by Josef Hoffmann.
In the 17th and 18th centuries, music was the most appreciated of the arts in Hamburg. Organ artistry and building were developed to an extraordinary extent and instrument-builders, such as Joachim Tielke and Christian Zell, won fame and recognition far beyond the city boundaries. Joachim Tielke (1641 – 1719) built precious violas da gamba, one of which is to be seen in the foreground; Christian Zell was famous for his keyboard instruments. The harpsichord shown here dates back to 1728 and is one of the most beautifully ornamented and sonorous ever produced in Germany. In the background, a French Rococo wainscoting of around 1775, taken from a merchant's house in Katharinenstraße, as well as a majolica oven of 1775 and mirror appliqués. The gilded and silvered wainscoting, cut in oak, once decorated a banqueting hall and is characteristic of Hamburg's housing culture in the late 18th century.

56/57 Hamburg's suburb St. Georg was developed in the 13th century as a site for a leprosy hospital outside the city walls, but also as a refuge for citizens, who set up their gardens there. In the 19th century, the Lange Reihe still consisted mainly of gardens with summer-houses. Today, this street is the old centre of St. Georg, with a few remaining half-timbered houses of 18th century origin and large tenement houses of the Kaiser Wilhelm period. The suburb has the highest percentage of foreign citizens in Hamburg and this has clearly contributed to the rich variation of the area.
The Dreieinigkeitskirche of St. Georg was built between 1743 and 1747 by Johann Leonhard Prey and originally reconstructed, following its destruction in the Second World War.
Colourful markets and street festivals are part and parcel of life in St. Georg.

58/59 The former market halls at Deichtor, built between 1911 and 1913: since their restoration and modification in 1989, financed by the Kurt A. Körber Foundation, the area of 7,000 m^2 has been used for the exhibition of contemporary art.
The wholesale market hall in Hammerbrook was designed by Bernhard Hermkes and built by Schramm and Elingius between 1959 and 1962. On an area of 40,000 m^2, a vast range of fruit and vegetables is offered each morning to Hamburg's traders.

60/61 The Dammtor railway station in Altona presents a mixture of different styles: "Historismus" and "Jugendstil". The architect E. Moeller, who built the station in 1903, based its design on the Berlin train station Alexanderplatz: upstairs the elevated railway tracks, downstairs the entrance hall. Ashlar stone façades frame the half-round window in the middle and are bridged over by a steel-glass construction. The Dammtorbahnhof is without doubt the most beautiful of the Hamburg stations.

62/63 The Holstenwall was part of the fortifications built in the 17th century and demolished in the 19th century, when the area between Dammtor and Zeughausmarkt was transformed into parkland. The large building on the left is the present DAG-Haus, which was erected in two stages (1921/22 and 1929/30) by the architects Schopp and Vortmann and adorned with bronze sculptures by Ludwig Kunstmann. Its façade of clinker bricks reminds one of the office-blocks built in the 1920's. To the right, a part of the parkland extending parallel to the Holstenwall.
The houses at Holstenwall, nearly all of which were built after 1900, give evidence of Hamburg's architectural styles in the first half of this century. The Museum für Hamburgische Geschichte (Hamburg History Museum), shown below, was built from 1914 to 1923 on the site of the Henricus-Bastion of the old city fortifications and is one of the great works of Fritz Schumacher.

64/65 The architects Martin Haller and Emil Meerwein chose a Neo-Baroque brickwork style when building the Musikhalle between 1904 and 1908. The building has two concert halls with 2,000 and 640 seats and is a generous donation from the ship owner Carl Laeisz (1828 – 1900) and his wife Sophie (1831 – 1912). Inside stands a marble figure, sculpted in 1909 by Max Klinger to the honour of Johannes Brahms, while outside are two further Brahms monuments (by Maria Pirwitz and Thomas Darboven), erected in 1981. In the background, to the right, the Unilever skyscraper (built 1958 – 1964) is to be seen, forming a grossly disharmonic counterpart.

66/67 The Low-German garden show, "Planten un Blomen", was held in 1935 on the site of the former Zoo (1861 – 1930). After the show was finished, the park retained the name "Planten un Blomen" and was host to three international garden shows, in 1953, 1963 and 1973. In 1963, "Planten un Blomen", the old botanical garden (founded in 1821) and parts of the former city fortifications were combined to form the Wallringpark, which extends between Stephansplatz and Millerntor. Amongst others, a Japanese landscape garden, donated to Hamburg by its Japanese community in 1988, can be found there.
University building, originally donated in 1911 by Edmund Siemers for public adult education purposes. The Hamburg merchants had long resisted the foundation of a university which finally came into being in 1919, particularly thanks to the untiring efforts of Senator Werner von Melle.

68/69 Original interior of one of the flats, built by the "Krameramt" from 1676 onwards for those widows of guild members who did not marry again. The "Krameramt" was the guild of retailers and part of the strictly structured artisan organisations of Hamburg. The "Krameramt" flat buildings at Krayenkamp, at the foot of St. Michaelis, were in use until 1866, when the guilds were dissolved. In the years 1972 to 1974, these buildings were restored by the authorities and one flat became a museum.
The small passage between the houses, with its shops and restaurants, is a well-liked spot.

70/71 The first church of St. Michaelis, built in the 17th century, was struck by lightning in 1750 and completely burned out. The nave of the new construction, carried out by the Hamburg master builder Ernst Georg Sonnin, was consecrated in 1762. The steeple, completed in 1781 and fondly called "Michel", became the landmark of the city. This building, too, fell victim to fire, on 3 July 1906. On 19 October 1912, the faithfully rebuilt church was consecrated, but it, too, was not destined for long life. In March 1945, British bombs destroyed the nave, only the steeple remaining intact. Reconstructed after the war, the current church building corresponds to the design of Sonnin and is the only one in Hamburg with a Baroque interior.
The steeple of St. Michaelis is 132 m high. The observation platform, accessible by lift or by climbing 449 steps, offers a wide panoramic view over the city and port. The tower-clock, just below the platform, is the largest in Germany.

72/73 View from the "Michel", featuring the tower of the town hall and the steeples of St. Petri and St. Jacobi (from left to right).
A classicist-styled tollhouse, situated at the edge of the Reeperbahn, is the single remnant of the ancient Millerntor. It was not until 1860 that the long since outmoded facility was finally closed.

74/75 The street-name "Große Freiheit" (Great Freedom) does not refer to loose morals, as some people believe, but to religious freedom, granted early in Altona (c. 1600). This district of leisure, made well known outside Hamburg by a film starring Hans Albers, came into being only in the 19th century.
The "Dom", a large amusement park at Heiligengeistfeld, owes its name to the fact that the annual Christmas markets once took place in the ancient cathedral (Dom). This popular market, offering everything from a doll to a wardrobe, was called "Dom", too. After the demolition of the cathedral in 1804, the "Dom" market not only changed its location, but also its face. Wandering to Gänsemarkt (1804), Holstenwall (1881) and, finally, Heiligengeistfeld (1893), it developed into a technically sophisticated fairground.

76/77 The Bismarck statue, created 1902 – 1906 by Hugo Lederer, decorates an architectural work by Emil Schaudt.
Unlike the New Elbe Tunnel, opened in 1974, the Old Elbe Tunnel (448.5 m long) is open to pedestrians. Built 1907 – 1911 for the very considerable sum of eleven million Gold marks, its purpose being to connect St. Pauli with the harbour areas of Steinwerder and Kuhwerder, this was the first under-water tunnel on the European continent. Adjacent to the tunnel rises the tower of the St. Pauli landing stages.

78/79 The fish auction hall (built 1895/96) has been restored, but fish is no longer auctioned there. The vast interior and galleries serve for festivals and markets of all kind, such as the traditional fish market, which takes place every Sunday from 6 a.m. till 9.30 a.m. The "Fischmarkt" of St. Pauli exists since 1703. In the 18th century, only fish was allowed for sale, but today, fruit, vegetables, meat and flowers as well as bric-a-brac and secondhand articles are on offer.

80/81 The carefully restored merchant's houses along the Nicolaifleet

have their origin in the 17th and 18th centuries and demonstrate the combination of residential and commercial building with loft, which was characteristic of Hamburg. In the Middle Ages, the Nicolaifleet was Hamburg's second harbour; the first, which no longer exists, was situated at Reichenstraßenfleet.
A smaller group of such houses is to be found in the Reimerstwiete, not far from Nikolaifleet. Despite the heavy air raids targeted at the port area, these typical examples of Hamburg framework building have survived.

82/83 The brick buildings of the Speicherstadt (warehouse district): The lofts, where even today hard work is done, offer a splendid view over the city; here towards St. Katharinen.
The Speicherstadt, planned by Franz Andreas Meyer and completed in 1888, is situated south of the Zollkanal on a site where once stood the most handsome merchant houses of the Baroque period, all being demolished, however, during the construction of the free port. On an area of 373,000 m^2, coffee, tea, cocoa, tobacco, spices, raw silk and similar products are stored, sorted, cleaned and processed. The charm of this Neo-Gothic functional architecture first became really appreciated in our times. Restoration after 1945 has been such, that the severe damage to the Speicherstadt caused by bombing is almost invisible. Today, the district is threatened by those who want to transform these optimal storage buildings into flats and places of leisure.

84/85 Hamburg's port is the largest in Germany and the fourth largest in Europe. As container transport became more and more established, the City-State Parliament decided in 1967 to develop the port accordingly. Since then, three container terminals have been established.
Between ships and freight: St. Katharinen church, seen from the port.
Containers are an indispensable device of modern shipping; their introduction brought important changes to the port.
Freight from all over the world. The port is the city's biggest employer.

86/87 Neither Amsterdam nor Venice are the cities with the most bridges in Europe, but Hamburg! The city has more bridges than any other city in the world – 2,331 to be exact. When in September 1974 the Köhlbrandbrücke was opened to traffic, Hamburg had claim to yet another first: with 53 m, this is Germany's highest bridge and without doubt one of the most picturesque. The four-lane bridge, open only to motor-traffic, is in total 3,900 m long and made of steel suspended from two pylons, each 130 m high. As it had to be erected on marshy ground, numerous piles were rammed into the earth. In 1975, this "Queen of the Hamburg bridges" received the "European Steel Construction Award".

88/89 "Poodle", a nickname, which the ship owner Ferdinand Laeisz gave to his daughter-in-law, became the emblem of his shipping company and of the famous "Flying-P-Liners".
The sculpture on top of the neighbouring Globus-Haus recalls the good old times of sailing ships.
The Trostbrücke, first mentioned in 1266 and restored in 1881, is Hamburg's oldest bridge. Convicts had to pass it on their way to the execution ground. Left of the bridge, the Laeisz-Hof, built 1897/98 by Hanssen & Meerwein and Martin Haller; to the right of it, the house of the "Patriotische Gesellschaft" of 1765, built 1845 – 1847 by Theodor Bülau and raised in the 1920's. Prior to the big fire of 1842, the Hamburg Town Hall stood on this site.

90/91 After the severe cholera epidemic of 1892, the city authorities took action to demolish the old quarters where the epidemic broke out and where most of the victims lived. Finally in 1934, the last alley district was demolished. The houses from the Bäckerbreitergang remain as witnesses of the area's past and have lately been restored. The visitor who sees the thoroughly restored half-timbered houses would hardly imagine that they were once part of an overcrowded area of tiny alleys and dark yards. At Valentinskamp one can see more examples of well-restored historic architecture from that period.

92/93 What on appearance seem to be the façades of historic Hamburg merchant's houses are, in fact, reconstructions, built in the last 25 years, of long demolished Baroque houses which in reality were never found together in such a grouping.
Enclosed between Holstenwall and Ost-West-Straße are the half-timbered houses of the Beyling Foundation, dating from the year 1751 with an addition from 1770. This building, which provides accomodation for old-age citizens, is original, typical of Hamburg architecture in the 18th century.

94 Founded in 1767, the Art Academy is today situated at Lerchenfeld in a magnificent building, designed by Fritz Schumacher in 1925. The sculpture to the right of the entrance is the work of Richard Luksch, who came in 1907 from Vienna in order to lecture at the academy.

95 The stairway of the academy, where today 1,200 students study, is an outstanding example of Schumacher's architecture.

96/97 Stairways and entrances, like those of the Elbhof (above left), the Asia-House (above right) and the Laeiszhof (below), are standard features of Hanseatic architecture: representative, solid, elegant and self-confident, while still retaining a sense of modesty.
Further fine examples are the Overseas Club (above left), the entrances in Oderfelder Straße (above right), at the Eppendorfer Baum (below left) and the Schwan pharmacy from 1911 in Dammtorstraße.

98/99 The Oderfelder Straße is named after the long vanished village of Odersfelde, which in the Middle Ages belonged to the convent of Herwardeshude. Around 1900, this street was built with impressive appartment houses inhabited then and today by the middle classes. The district survived the heavy bombardments of the 2nd World War largely intact.
The street name "Frauenthal" is a reminder of the Vrouwendal convent, as the Herwardeshude convent, which gave its name to the district of Harvestehude, was named in the 14th century.

100 Photos on the left: Asia-Haus (1900) in the Ost-West-Straße; Seeburg (1908/09) at the corner of Spitaler-/Lilienstraße; Elbhof at Stubbenhok.
Photos on the right: Stella-Haus at the Schaartor; Biberhaus at the corner of Merckstraße/Kirchenallee; Atlas columns at the Lange Reihe in St. Georg.

101 Photos on the left: sculpture by Ludwig Kunstmann (1930) –

DAG trade union building at Karl-Muck-Platz; sculpture by Richard Luksch – Academy of Arts at Lerchenfeld (1925)
Photos on the right: Dammtor station (1903) at Theodor-Heuss-Platz; Elephant sculpture in the courtyard of the Afrika-Haus (1899) in Reichenstraße

102/3 Haus der Seefahrt (House of Seafaring) at the corner of Deichstraße and Hohe Brücke: built 1909/10 by the architects Edgar Voßhag & G. Schlepps, it is a typical commercial building (Kontorhaus) from the period prior to the First World War, when Hamburg was the second largest harbour in Europe (after London), transshipping 4.5 percent of the world trade.
Allegoric bronze figures at the House of Seafaring, symbolizing Hammonia's deal (above left). Entrance of a "Kontorhaus" in the Mönckebergstraße (above right). Elbhof at Stubbenhok (below).

104/5 The ancient oak trees in the Eichenpark at Krugkoppel are a remnant of the Herwardeshude – later called Harvestehude – convent, which was demolished in 1530. The convent was founded in 1247 near the village of Herwardeshude (today's St. Pauli) and transferred in 1295 to the Eichenpark area, surrounded by the streets Harvestehuder Weg, Abteistraße, Heilweigstraße and Krugkoppel. A stone memorial in the park pays testimony to Friedrich von Hagedorn, a famous 18th century poet and frequent visitor to the park.
Gracious estates at the Outer Alster opposite St. Georg, built by Hamburg merchants in the middle of the 19th century.

106/7 A residence in Bellevue street, built 1949 by Cäsar Pinnau (above).
Houses at the Feenteich lake.
A view over the Outer Alster towards the city centre from Uhlenhorst. The district owes its name to an ancient farm and had to be drained of water before the first house could be built in 1847. Bellevue street was laid out in 1874. Unfortunately, not many original buildings remain due to the actions of speculators.

108/9 The Outer Alster, an ideal place for sailing and other recreational activities.
The Alsterpark (14.5 ha) with its large lawns and its many ancient trees runs along Harvestehuder Weg.
The Hotel Atlantic on the bank of the Outer Alster (to be seen here), and the Hotel Vier Jahreszeiten at the Inner Alster, are the most prestigious hotels in Hamburg. To the right in the picture one sees the tower of the main railway station and to the left is the steeple of the Dreieinigkeitskirche in St. Georg.

110/11 Pöseldorf in the Rotherbaum district was once a tiny locality where craftsmen, coach drivers, gardeners and other artisans lived in a close-knit community, separated from the world of the well-to-do. This remained true until the 1960's, when the antique dealer Eduard Brinkama started to buy up and restore the houses and sell them. When he first did so in 1959, this meant the preservation of houses which otherwise would have been demolished, like so many others in Hamburg. The area then became a fashionable one in which to live, where the rich and beautiful opened boutiques and demimonde pubs. This, however, led to an exodus of the old Pöseldorfer who could no longer afford to stay there.

112 The "Elephant gate" of the Hagenbeck Tierpark (animal park) in Stellingen, founded by Carl Hagenbeck in 1907. His new concept, to show animals in open-air enclosures, was so successful that the Zoological Garden, founded in 1861, had to close in 1930. On its site opened in 1935 the "Planten un Blomen" park.

113 The walrus, one of 2,100 animals in Hagenbecks Tierpark.
The Stadtpark (180 ha), laid out in 1912/14, one of Hamburg's biggest parks. The water tower in the Stadtpark, built 1913/14 by the Dresden architect Oscar Menzel, was converted into a planetarium between 1920 and 1930.

114/15 Main city cemetery in Ohlsdorf, opened in 1877. Evidence was found during its construction, showing that, already in prehistoric times, a burial place had existed there. In 1884, a Jewish cemetery was added, followed eight years later by a crematorium. The "Zentralfriedhof" became the first multi-denominational cemetery in Germany. It was designed by the architect Johann Wilhelm Cordes, as was the administration building, finished in 1914. With the openess of a public park, the cemetery was a milestone in German landscape architecture and today, it is one of the largest in the world (400 ha, originally 8 ha).
Many of the graves are adorned with sculptures; the most important memorial being that dedicated to the more than 40,000 air-raid victims of the 2nd World War. A work of the Hamburg sculptor Hans Kock, it was designed in 1952 by Gerhard Marcks.

116/17 Modern architecture in Hamburg: The Neue Dovenhof, at the corner of Kleine Reichenstraße and Brandstwiete, was built 1991 – 1994 by the architects Kleffel, Köhnholdt and Gundermann.
The photo below shows the "City Nord" in the vicinity of the airport; it has been developed since 1961.
The new building (1990) of the publishing house "Gruner + Jahr" in Baumwall No. 11 : its nearness to the port obviously inspired the Munich architects Otto Steidle and Uwe Kiessler, who entered many elements of ship building in its design.

118/19 A walking path stretches along the 52-km-long Alster, a tributary of the Elbe. The largely unspoilt landscape is a very popular recreational area. At the upper reaches of the river is a museum documenting the history of the Alster valley. Hamburg, with a forested area of more than 50 km^2, is a fairly green city. To the west of Wohldorf is the Duvenstedter Brook nature reserve (780 ha), belonging to Hamburg since 1937 and placed under proctection in 1958. Rare plants, game, dragonflies, other small animals and last, but not least, over 170 types of birdlife can be found there.
The pleasure boats of the "Weiße Flotte" offer sightseeing tours not only to the upper reaches of the Alster, but also through Hamburg's widespread net of waterways (Fleete).

120/21 The Wohldorf mansion, situated in Hamburg's biggest nature reserve, is a well-liked excursion spot. The city's coat of arms documents the fact that the mansion was once the property of the Senate. The mansion was built between 1712 and 1714 on the site of a castle dating from the Middle Ages, which in 1440 had been purchased by the city authorities. Restored in 1969, but with most of the original interior missing, the mansion is a fine example of 18th century Hamburg country-house style.

122/23 In 1779, the Wandsbeck estate was acquired by Count Heinrich Carl von Schimmelmann, a Danish minister of finance. He is buried, together with his wife, in the mausoleum which was errected in 1791 by Carl Gottlob Horn. Near the Schimmelmann mausoleum are the graves of the poet Matthias Claudius, appointed editor (by Schimmelmann) of the "Wandsbecker Bothe", and his wife Rebekka.
The Jewish cemetery in Wandsbek. The small Jewish community received permission in 1637 from the Danish governors of Wandsbek to establish a cemetery there. The Danish government, in contrast to Hamburg, adopted a favourable attitude towards the Jewish community, leading many Jews to settle in Wandsbek. The cemetery, in use up until 1886, remains today largely intact and is listed as a historic monument.

124/25 The first aircraft from the Airbus factory in Finkenwerder took to the air in 1972. A result of international cooperation between Germany, France, Britain and Spain, to date over 1,800 Airbus aircraft have been produced.

126/27 The racecourse in Horn. The first horse races in Horn were held on 28 and 29 July 1855. The "Norddeutsche Derby" was first run in Horn on 11 July 1869 and since then has become established as the most important race for three year old stallions in Germany. As much a social as a sporting event, the Derby has been run continously in Horn, apart from a short break (1943 – 1947) due to the 2nd World War.

128/29 The so called Glockenhaus in Billwerder, Billdeich No. 72, owes its name to the small bell tower which is part of the country house (built 1779 – 85). House and garden were faithfully restored in the 1970's and are a characteristic example of similar estates which were numerous in Billwerder, before industry came to dominate the locality. Today, the complex houses the National Painters and Lacquerers Museum.
The Harburg-Wilhelmsburg municipality was incorporated into Hamburg in 1937. Severly destroyed in the 2nd World War, little evidence of its onetime greatness remains; for example the Town Hall, built 1888 – 1892 by the architect Christoph Hehl.

130/31 A favourite outing destination, especially in blossom time, is the "Alte Land", the largest fruit cultivation area in Germany (14,300 ha). Ornate doorways and colourful timberwork pay testimony to the well-being of the area's farmers.
In Neuenfelde is the church of St. Pankratius (built 1682 – 87). Arp Schnitger was born in Neuenfelde (1648) and had his workshop there. The famous creator of precious organs, like the one in St. Jacobi in Hamburg, also built a beautiful organ for his local church, where he found his eternal rest in 1719. St. Pankratius is a jewel amongst the rural North-German churches, whose richly decorated interior reflects the wealth of the Alte Land region.

132/33 Schloß Bergedorf, following its extensive restoration the seat of the "Museum für Bergedorf und die Vierlande" (since 1946), has a colourful history. The castle, whose origins date back to the 13th century, was completely rebuilt in the 15th century and later subject to further modifications. Having been the seat of the joint administration of the Vierlande by Hamburg and Lübeck, it came under the rule of Hamburg in 1868.
Bergedorf's oldest train station, opened in 1842.
Carved stone figures at the "Stadt Hamburg": built around 1550 and restored in 1959, this restaurant is the oldest in Hamburg.

134/35 The elaborate traditional costumes and the rural churches reflect the prosperity of the Vierlande region, which has become the largest area of fruit and vegetable cultivation in Germany.
The church of St. Johannis in Curslack, with characteristic steeple and Baroque interior.
Built in the 13th century, the church of St. Nicolai in Altengamme is considered to be the jewel of the rural churches of the Vierlande. The bell tower (1605) possesses a bell from the Hamburg cathedral (demolished in 1804).

136/37 The rural churches of the Vierlande delight with their abundance of rich and imaginative decoration; their wrought iron hat stands are, in fact, unique in Germany. As the top hat was part of the traditional dress, men needed a place where to leave them whilst attending church. The photo shows hat stands in St. Nikolai in Altengamme and St. Johannis in Curslack.

138/39 The Süderelbe (southern branch of the Elbe river) near Moorwede with the characteristic landscape of the marsh and Vierlande region. Not far from here, in Neuengamme, the Hitler regime established a concentration camp in 1938. Until 1945, some 106,000 prisoners had been detained there, working for a clinker factory driven by the SS. 55,000 prisoners did not survive the murderous conditions or were executed. A documentation centre, established in 1979 on the site of the former KZ, tells the suffering of the victims. The bronze memorial is a work of the French sculptor Françoise Salmon.

140/41 Two centaurs fighting for a fish: the bronze Stuhlmann-Brunnen (fontain) was created in 1900 by Paul Türper to symbolize the rivalry between the traditional fishmarkets of Hamburg and Altona.
The new Town Hall of Altona was built 1896 – 1898 by Emil Brandt; the back of it incorporates the concourse of the first Altona railway station (1844). The old town hall (built 1716/21) had, long before its destruction in 1943, become too small for the growing city (1890: 143,000 inhabitants).
At the south-east edge of the old station building, a 395-m-long underground section was added in 1874 to the railway line (in total 1,210 m), connecting the station with the Altona port and colloquially called "haddock line" – because of the fish transports. Fish trade became the most important economic sector, since fish auctions were opened in the Altona port (1887) and refrigerator wagons permitted long-distance transport. In 1937, Altona became part of Hamburg, and the Town Hall is now used by the district administration.

142 Thalia, the muse of comedy, carved in elm wood, is one of the 37 ship's figureheads collected by the Altona Museum. The figure dates from the first half of the 19th century.

143 Palmaille, the most charming street in Altona, was laid out in 1638/39 and owes its classicist look to the Danish master builder Christian Frederik Hansen, who built nine houses there between 1796 and 1805, and his nephew, who finished the work in 1824/25.

144/45 This gardenhouse (1832) is all that remains of Salomon Heine's

mansion in Neumühlen. Today, it is a memorial dedicated to both the banker and his nephew, the poet Heinrich Heine.
The poet Friedrich Gottlieb Klopstock is buried at the cemetery of the Christianskirche in Ottensen. The funeral, on 14 March 1803, was the most solemn and impressive ever given to a German poet. The memorial is a work of Jacob Scheffauer.

146/47 Övelgönne, since 1937 part of Hamburg, was once a purely commercial district, which first in the middle of the 19th century became a popular summer resort with Hamburg's citizens. The oldest houses date from 1709 to 1712 and from 1723 to 1736.
Neumühlen, dominated today by the passage of mighty container ships, was, prior to the expansion of the harbour in the early 19th century, a remote and peaceful spot.

148/49 "Landhaus Brandt", built in 1817, is one of the prettiest villas in the Elbchaussee. Its owner, the merchant Wilhelm Brandt, is believed to have based its design on a palace he had seen in the Crimea. Sold in 1871, the house fell into a sorry state. Not long ago, it was finally saved and faithfully restored to its former glory.
The country house of the merchant and social reformer Caspar von Voght, built 1794 in Klein Flottbek by Johann August Arens.
The "Halbmondhaus" was formerly a stablehouse belonging to "Landhaus Thornton", built in 1795/96 by Christian Frederik Hansen.

150/51 Jenischhaus, a classicist country house, built 1828 – 34 by Franz Gustav Joachim Forsmann for Senator Martin Johann Jenisch.
Wooden sculpture by Ernst Barlach, "Das Wiedersehen" (The Reunion), on display in a building designed in 1962 by Werner Kallmorgen, to house the Barlach collection of the Hermann F. Reemtsma Foundation.
View into the Jenischhaus. Since 1939 owned by the city of Hamburg, it is today a branch of the Altona Museum documenting the history of Hamburg housing styles. To the left an Italian marble copy of the Venus of Medici and to its right "Badende", a marble sculpture by the Swedish sculptor Byström (1838). The interior is not original, but a reconstruction of a Hamburg "Salon" of around 1830.

152/53 Jenisch Park in Flottbek, laid out towards the end of the 18th century by the merchant Caspar von Vogt, resembles English landscape gardens, which he had seen in England. Whishing to create something similar, he transformed four farms of his own into what he called an "ornamented farm": a functional, aesthetically pleasing farmland. In 1828, he sold his work to Senator Martin Johann Jenisch. Today, the park is about 1/4 the original size.

154/55 The Hirschpark (deer park) was laid out towards the end of the 18th century by Johann Cesar Godeffroy IV. He was also the owner of the "Hirschparkhaus" (above right), built by Christian Frederik Hansen (1789 – 1792). Godeffroy's grandson continued to plant the estate, which then extended from Dockenhuden to Rissen, with trees and established a game preserve in the grounds, to which the park owes its name. In 1924, the municipality of Blankenese acquired the park and opened it to the public. The "Hirschparkhaus" today houses a ballet school.

156/57 "Weißes Haus" (white house) in Elbchaussee No. 547: the merchant Peter Godeffroy bought the plot in 1789 and commissioned Carl Frederik Hansen with the building of a country house, surrounded by an English landscape garden. Like most of the country houses of the period around 1800, it was lived in chiefly in the summer, the ground floor rooms being used for social events, those on the upper floor remaining private. Thanks to the care of its later owners, the house has become a proper gem, rich in artwork.

158 The church in Nienstedten, built in rural framework style, was consecrated on 16 May 1751 with the performance of a piece by Georg Phillip Telemann. It is a work of the royal master builder Otto Johann Müller and the master joiner Johann Balthasar Hannemann. The church's nickname, "Hochzeitskirche", points to the fact that it has become fashionable with better-off Hamburg citizens to marry there.

159 The house in Richard-Dehmel-Straße No. 1, Blankenese, was constructed by Walther Baedeker in 1911 and donated by friends to the poet Richard Dehmel. Furniture design: Peter Behrens; lamps: Henry van de Velde; wallpaper: Emil Orlik.

160/61 First evidence of settlement in Blankenese appears to have been a castle, built, together with a monastery, towards the end of the 11th century by Archbishop Adalbert. Both buildings on top of the 85-m-high Süllberg were shortly afterwards destroyed in war. Blankenese, first mentioned in 1302 (the name means blank nose of a hill), lived from fishing. In the early 19th century, it became a tourist attraction, counting 3,000 inhabitants in 1834. But even today, Blankenese, with its remarkably well preserved fisher houses, remains a place, where time seems to go a little slower.

162/63 The Falkensteiner Ufer (bank) of the Elbe offers both untouched nature and golf courses.
Luxurious appartment houses, with panoramic views over the Elbe, stand today on the Süllberg, where once a restaurant, built in 1887, received its guests.

164/65 "Landhaus Michaelsen" at the Falkensteiner Ufer was built 1923 – 25 by Karl Schneider for Ite Michaelsen. Praised as an outstanding example of the "new building art", its cubic design reveals the influence of the Dessau Bauhaus school. Since 1986 it houses Elke Dröscher's Puppenmuseum, where dolls from the last two centuries are on exhibition.

166/67 The island Neuwerk, in the mud flats of the North Sea, is almost 120 km away from Hamburg but, nevertheless, part of the administrative district of Hamburg centre. It owes its name to "dat nige wark" (the new work): a tower, completed in 1310 and designed as an orientation and rescue post for seafarers. The present tower dates from c. 1377 and is Hamburg's oldest building monument. When the tide is out, one can drive along the mud flats with horse and cart.
In spite of the firmly closed gate on its coat of arms, Hamburg has always, throughout its more than 1,000 years of history, considered itself a world-open city: "Tor zur Welt", a gate to the world.

Translation:
K. Fischer, R. ÓBraonáin, Köln

14 Hacia 1230 el río Alster fue represado por un dique para hacer funcionar un molino; de la depresión del terreno inundado nacieron el lago Alster interior y exterior (180 hectáreas). Del dique del molino entre la calle Bergstraße y Gänsemarkt (mercado de los gansos) surgió el Jungfernstieg (vereda de la doncella). El panorama, tal como se veía en 1842 quedó reducido a cenizas. Posteriormente fue reconstruido y hoy es mucho más grande y más hermoso.

15 El Ayuntamiento, construido entre 1886 y 1897, es la sede del Alcalde, del Senado y de la Cámara de Diputados de la ciudad-estado (abajo). El magnífico edificio tiene 111 metros de largo por 70 de ancho. Como el subsuelo no es muy firme, fue erigido sobre cuatro mil estacas hundidas en la tierra.

16 El edificio de la Bolsa de Comercio fue terminado en 1841.

17 La Bolsa de Hamburgo, fundada en 1558, es la más antigua de Alemania. A pesar de sus instalaciones modernas, ha conservado su claro estilo clasicista. La Bolsa es el asiento de la Cámara de Comercio y de la Biblioteca Comercial (establecida en 1735). Contiene libros dedicados exclusivamente al tema comercio y es la biblioteca especializada más antigua del mundo.

18 En el área incendiada en 1842 construyó Alexis de Chateauneuf, siguiendo el modelo veneciano, las „Alsterarkaden" (arcadas del Alster). Fueron terminadas en 1846.

19 Una parte de las arcadas del Alster fue incendiada en 1990. Mientras tanto, fue restablecido su aspecto original. Un rincón arquitectónico que invita al paseo y al ocio.

20/21 En el dique construido hacia 1230 para represar el río Alster y para hacer funcionar molinos, en 1665 se levantaron terraplenes y se plantaron dos hileras de tilos; la calzada fue empedrada. Dado que la nueva calle se convirtió en un paseo favorito, frecuentado especialmente por mujeres, el lenguaje popular pronto la bautizó con el nombre de „Jungfernstieg" (vereda de la doncella). El gran edificio en el medio es el antiguo Hotel „Hamburger Hof", hoy transformado en pasaje de compras. A su derecha, la Casa Heine, puesto que en su lugar se hallaba antes la residencia del banquero Salomon Heine, que no sólo patrocinó a su famoso sobrino poeta, sino que benefició mucho a Hamburgo, su querida ciudad adoptiva.
En el área del Nuevo Jungfernstieg estuvieron, antes de 1825, las mansiones y jardines de las personas pudientes.
El Nuevo Jungfernstieg nació en 1826 en el costado oriental del Alster interior.

22 El hotel „Vier Jahreszeiten" (cuatro estaciones) se encuentra en el Nuevo Jungfernstieg y se cuenta entre los diez mejores hoteles del mundo. Dispone de 175 habitaciones y suites.

23 El „Übersee-Club" (club de ultramar), una de las agrupaciones más selectas de hombres de negocios, tiene su asiento en el Nuevo Jungfernstieg, N° 19, „Amsinck-Palais" (Palacio Amsinck), un noble edificio clasicista, terminado en 1833, que tanto por dentro como por fuera denota la distinción del estilo habitacional hanseático.

24 Casa comercial construida en 1906, reformada en 1978, con patio interior.

25 ¿Qué sería Hamburgo sin sus galerías? La „Mellin" es la más antigua de las que aún existen: es de 1846. Su pintura mural originaria de 1900 salió a luz en la restauración realizada después del incendio de Año Nuevo de 1990.

26 En „Gänsemarkt" se encuentran dos testimonios importantes del arte de la construcción de Hamburgo: a la izquierda, el edificio de la Administración de Hacienda; a la derecha, la antigua „Deutschlandhaus" (Casa de Alemania). En esta funcionaba el cine más grande de Hamburgo, hasta que fue destruido en la última guerra. El monumento representa a Gotthold Ephraim Lessing, que de 1767 a 1770 fue asesor artístico del teatro situado en la misma plaza. Allí se estrenó su comedia „Minna von Barnhelm" el 30. 9. 1767.

27 El antiguo edificio de Correos.

28 Un teatro muy activo desde hace 95 años es el „Deutsches Schauspielhaus".

29 El teatro „Deutsches Schauspielhaus", de 1900, con 1.400 asientos, es el más grande de Alemania. Hombres de negocios de Hamburgo financiaron esta suntuosidad con un millón de marcos, para aquella época, una suma fabulosa.

30 El 2. 1. 1678 abrió sus puertas la primera ópera de Hamburgo. Contrariamente a los templos musicales de las residencias principescas, a los cuales sólo tenían acceso los invitados, esta ópera era una institución burguesa que, contra el pago de una entrada, estaba abierta a todas las capas sociales. Al no contar con subvenciones, el repertorio debía seguir los gustos del público. De 1722 y 1738, el director artístico fue Georg Philipp Telemann; de 1891 a 1897 dirigió la orquesta Gustav Mahler. En 1973 John Neumeier tomó a su cargo la dirección del ballet, considerado en la actualidad como el mejor en Alemania.

31 Los comerciantes de Hamburgo se mostraron siempre generosos en el fomento de la música, ópera y ballet.

32 Hacia 1877 nacieron las „Colonnaden" (edificios con columnas), la calle de conexión entre „Esplanade" y „Jungfernstieg", que invitan a salir de paseo y de compras. Las arcadas, aún en días de lluvia, permiten caminar sin mojarse.

33 El edificio central de Correos lleva en la punta un Mercurio dorado. De las construcciones originales de „Esplanade" sólo se salvó una casa: el número 37. En la „Montaña mágica", de Thomas Mann, es descrita como la casa del abuelo de Hans Castrop.

34 La iglesia „St. Petri" (San Pedro), cuyos fundamentos proceden probablemente de la primera mitad del siglo XI, es la más antigua de Hamburgo. La aldaba de bronce, hecha alrededor de 1342, es la obra de arte más antigua que se conserva en Hamburgo. La iglesia St. Petri en 1842 fue víctima del gran incendio; pero se pudo salvar buena parte de sus objetos valiosos, como la aldaba de 1342.

35 El 7. 5. 1849, el aniversario de la destrucción, se colocó la primera piedra para la reconstrucción. Durante la II Guerra Mundial varias bombas cayeron sobre el coro, sin causar mayores daños.

36 La figura de San Ansgar, tallada en roble hacia 1480, que está en „St. Petri", representa al „Apóstol del Norte", que es considerado el fundador de Hamburgo, pues él erigió hacia 825 aquel „Hammaburg" como misión, que fue el germen de Hamburgo. Esta escultura se encontraba en la catedral hasta su demolición en 1804.

37 En 1962, durante excavaciones, tres metros debajo del adoquinado actual, se descubrió un fundamento circular, hecho de rocas erráticas sin labrar, de cuatro metros de grosor. Se trataba de los cimientos de la mansión del arzobispo Bezelin. Este príncipe de la Iglesia, cuya sede principal era Bremen, residía aquí cuando visitaba Hamburgo.

38 La existencia de la iglesia „St. Jacobi" fue mencionada por primera vez en un documento en 1255. La construcción actual es del siglo XIV, pero fue modificada varias veces. La última restauración tuvo lugar en 1963.
Arp Schnitger, uno de los constructores de órganos más grandes de Alemania, es también el creador del órgano de St. Jacobi. Tenía tal belleza de sonido, que Juan Sebastián Bach, en 1720, aspiró al cargo de organista en St. Jacobi. No fue aceptado porque se negó a pagar una suma considerable por el puesto, como era la costumbre de la época.

39 Durante la II Guerra Mundial se decidió desmontar el órgano y ponerlo a salvo. Poco después, a causa de un bombardeo, la iglesia fue devorada totalmente por un incendio. El órgano sobrevivió la catástrofe en un refugio antiaéreo, y desde 1961 se lo escucha otra vez.

40 La iglesia „St. Katharinen" (Santa Catalina) fue construida entre 1350 y 1450. La torre se desmoronó durante un huracán, y en 1658 fue erigida la nueva en su forma actual. En la última guerra la iglesia fue bombardeada dos veces, y fue reconstruida en su forma original en 1957.

41 St. Katharinen fue consagrada a Santa Catalina, cuyo atributo es la rueda de carro. Esta escultura de madera del siglo XV pertenece a las pocas obras de arte originales de la iglesia que se salvaron del incendio de 1943.

42 Este edificio en la „Ost-West-Straße", construido en 1761/62, es la única casa particular en estilo barroco que se conservó en Hamburgo.

43 Esta casa, terminada en 1888, fue construida detrás de una fachada en estilo rococó. El edificio, como otros, tuvo conexión por la parte de atrás con un canal que en la temprana edad media constituía el primer puerto de Hamburgo.

44 La „Chilehaus" (Casa de Chile), de diez pisos, construida en 1924, es la primera obra de envergadura de Hamburgo después de la I Guerra Mundial. Es uno de los testimonios más importantes de la arquitectura de clinca, con ladrillos recocidos, propia de la Alemania del norte.

45 La punta recuerda la proa sobresaliente de un barco, la curva arqueada de las paredes, las olas. La „Chilehaus" fue bautizada así por su propietario, el comerciante Henry Sloman, que 32 años se dedicó al negocio de salitre en Chile.

46 Una escultura de bronce de Georg Wrba adorna desde 1926 la „Mönckebergbrunnen" (fuente de Mönckeberg). La factoría, llamada „Seeburg" (fortaleza marina), representa la arquitectura preferida de los negociantes de Hamburgo, antes de la I Guerra Mundial. La calle „Mönckebergsstraße", llamada así por el alcalde Johann Georg Mönckeberg, debe su existencia indirectamente a la terrible epidemia de cólera de 1892, que cobró 8605 víctimas en los tugurios de la ciudad. Con el fin de eliminarlos por ser nocivos a la salud, el Senado ordenó la demolición total y la reconstrucción inmediata del área entre las calles „Steinstraße" y „Spitalstraße",

47 amparándose a la ley de fomento de viviendas, promulgada especialmente en 1898.

48 En el lugar del primer Teatro Thalia, de 1843, en 1912 se construyó un nuevo edificio. En 1945 fue destruido por las bombas. La reconstrucción tuvo lugar en 1960.

49 El Teatro Thalia tiene 1800 asientos. Hasta 1869 le estaba prohibido representar piezas de más de dos actos. Después de 1945 figuraron en el repertorio obras de Arthur Miller y Tennessee Williams; en los años ochenta llamaron la atención los dramas de Ernst Barlach. Sin embargo, siguiendo la tradición, el Teatro Thalia se dedica mucho más a las piezas de entretenimiento que el otro teatro, el „Schauspielhaus".

50 La florería de la estación central, revestida con azulejos de mayólica verdes y amarillos, es un hermoso y destacado testimonio del Arte Nuevo (Art Nouveau) tardío. Hasta principios del siglo XX, los trenes de larga distancia llegaban a cuatro estaciones terminales. La Estación Central fue puesta en servicio en 1906.

51 La Estación Central fue muy deteriorada por bombas en la II Guerra Mundial, pero su aspecto, en lo esencial, no ha cambiado. Durante los extensos trabajos de renovación, comenzados en los años setenta, se ha transformado el viejo vestíbulo en una atractiva galería de tiendas.

52 Sea por Renoir, Rodin o, como en el fondo, por la famosa „Nana" de Edouard Manet, la „Kunsthalle" (el museo de obras de arte más importante de la ciudad) nunca carece de visitantes.
El retrato de Philipp Otto Runge „Die Hülsenbeckschen Kinder" (los tres niños de F. A. Hülsenbeck, socio de su hermano) pertenece a los cuadros más hermosos del museo. La „Kunsthalle" posee la colección más grande de las obras de este destacado pintor romántico de Hamburgo, además de un número no menos considerable de pinturas de Caspar David Friedrich.

53 El primer director de la „Kunsthalle", Alfred Lichtwark (1852 – 1914), concentró su atención primero en los artistas de Hamburgo y los del siglo XIX; más tarde amplió su interés e invitó a notables pintores contemporáneos, como Max Liebermann, Edouard Vuillard y Pierre Bonnard para que trabajaran en Hamburgo. La parte más vieja del museo fue construida en 1868 y tuvo que ser

ensanchada en repetidas oportunidades. Tanto el edificio como las colecciones de arte sobrevivieron sanos y salvos los bombardeos.

54 El „Museum für Kunst und Gewerbe" (Museo de arte y artesanía) posee la colección más grande del mundo en obras de Arte Nuevo.
El museo fue fundado en 1868. Justus Brinkmann, su primer director, llamó a Hamburgo a los artistas vieneses Richard Luksch y Carl Otto Czeschka.
En los siglos XVII y XVIII, el arte más apreciado en Hamburgo fue la música. Tuvo un desarrollo extraordinario el arte de ejecutar y de construir órganos. Joachim Tielke construyó, entre otros instrumentos, valiosas violas de gamba; Christian Zell era famoso por sus instrumentos de teclado.

55 Este címbalo, del año 1728, adornado con escenas mitológicas, tiene dos teclados manuales y una encordadura de tres coros y pertenece por su sonoridad a los más hermosos címbalos de fabricación alemana. Es el primero de los tres címbalos construidos por Zell que todavía se conservan.

56 El suburbio „St. Georg" (San Jorge) surgió en el siglo XIII para albergar el hospital de leprosos fuera de los muros de la ciudad. También sirvió como refugio para aquéllos que querían tener jardines propios. Todavía en el siglo XIX, la calle „Lange Reihe" estuvo compuesta en buena parte de jardines con casas de veraneo. Hoy esta calle constituye el viejo centro de St. Georg, con un par de pequeñas casas con paredes entramadas que quedaron del siglo XVIII y caserones de vecindad de la época de Guillermo II (emperador de Alemania entre 1888 – 1918). El barrio St. Georg tiene el mayor número de extranjeros en Hamburgo.

57 La iglesia de la Trinidad de St. Georg fue construida en 1747. Los mercados y fiestas callejeras multicolores y folklóricos de St. Georg son casi un símbolo de este barrio.

58 Los mercados cubiertos de „Deichtor", construidos para la venta de frutas, verduras y flores, desde su restauración y transformación se utilizan como salas de exposición de arte contemporáneo.

59 El mercaco central de tres naves en el barrio Hammerbrook, construido entre 1958 y 1962, está techado por vigas de arco de hormigón que cubren una distancia de 48 metros. En una superficie de 40.000m² se ofrecen frutas y verduras a los comerciantes mayoristas y minoristas.

60 Los responsables de la construcción de la estación „Dammtorbahnhof" no lograron decidirse en materia de estilo: se mezclan aquí elementos del historismo y del arte nuevo.
La „Dammtorbahnhof", de 1903, tuvo como modelo la estación de ferrocarril urbano „Alexanderplatz", de Berlin; arriba, el trazado de vías, abajo, la sala de recepción.

61 Entre las estaciones de Hamburgo, es la „Dammtorbahnhof" la más hermosa y elegante. Por tal razón, eran recibidos aquí los invitados oficiales antes de utilizar el aeropuerto Fuhlbüttler.

62 La „Holstenwall" (muralla de Holsten) pertenece a las obras de fortificación del siglo XVII que en el XIX fueron desmanteladas y convertidas en parques. El edificio grande a la izquierda es la actual Casa del Sindicato de los Empleados Alemanes. La fachada de clinca, con ladrillos recocidos, recuerda las factorías construidas en los años veinte.

63 Las casas en la „Holstenwall", casi todas construidas después de 1900, documentan el estilo hamburgués de la primera mitad de este siglo. El Museo de Historia de Hamburgo, construido entre 1914 y 1923 (abajo).

64 La „Musikhalle" (sala de conciertos) fue construida en 1908 en estilo neobarroco. Desde el punto de vista arquitectónico no estaba a la altura de la época, pero para la clase media de Hamburgo significaba probidad y representación de bienestar.
La „Musikhalle" es la generosa fundación del armador Carl Laeisz (1828 – 1900) y de su esposa Sophie (1831 – 1912). En su testamento el armador destinó 1,2 millón de marcos para la construcción de una sala de conciertos; esa suma, ya de por sí elevada, fue acrecentada por su esposa. El edificio dispone de dos salas, de 2000 y 640 asientos.

66 El Zoo de Hamburgo, fundado en 1861, fue cerrado en 1930. En su lugar surgió un parque. El diseño fue modificado varias veces, especialmente por las tres Exposiciones Internacionales de Jardinería, de 1953, 1963 y 1973.

67 Paralelamente a otros jardines especiales, desde 1988, existe aquí un jardín de paisajes japonés, regalo de los japoneses que viven en Hamburgo.
Los hombres de negocios de Hamburgo se opusieron durante mucho tiempo a la idea de crear una universidad. Solamente llegó a fundarse en 1919.

68 La „Krameramt" (corporación de los pequeños comerciantes) formaba parte de la organización rigurosamente estructurada de los artesanos. En la corporación estaban agrupados los maestros de una actividad profesional, aquéllos que podían ejercer su oficio en Hamburgo. Para ser aceptado como miembro, era necesario no sólo el examen de maestría, sino también disponer de un capital considerable. Para las viudas de los miembros la „Krameramt" en 1676 construyó viviendas, que existieron hasta 1866. En 1974 la administración municipal hizo restaurar los edificios, y en una habitación instaló un museo.
El pequeño pasaje entre las casas (orginariamente estaban aquí las casas veraniegas de los habitantes pudientes) con tiendas y un restaurante, es frecuentado tanto por los hamburgueses como por los turistas.

70 La primera iglesia „St. Michaelis" (San Miguel), construida en el siglo XVII, en 1750 fue alcanzada por un rayo y quedó reducida a cenizas. En 1762 se consagró la nueva nave; la torre (que los hamburgueses llaman cariñosamente „Michel"y que es el símbolo de la ciudad) se terminó sólo en 1781. El 3. 6. 1906, durante unos trabajos de soldadura en el entramado del tejado, se produjo fuego y se incendió todo el edificio. Para los habitantes de la ciudad quedó sobreentendido que su querido „Michel" debía reconstruirse en su forma original. El 19. 10. 1912 fue consagrada en presencia del emperador Guillermo II. Pero esta construcción tampoco tuvo larga vida: el 11. 3. 1945, bombas aéreas británicas destruyeron la nave, sólo se salvó la torre.

Después de la guerra se la reconstruyó por tercera vez. En Hamburgo, es el único interior de iglesia de estilo barroco.
La torre de 132 m de „St. Michaelis" posee una plataforma de observación que ofrece un amplio panorama sobre la ciudad y el puerto.

72 Quien está dispuesto a subir 449 escalones, puede llegar a la torre de St. Michaelis a pie; por supuesto que es más cómodo utilizar el ascensor. Desde el mirador se ve el centro hasta el Alster exterior. A la izquierda puede reconocerse la torre del Ayuntamiento, a su derecha la de „St. Petri" y algo más a la derecha la de „St. Jacobi". Debajo de la plataforma de observación se encuentra el reloj de campanario más grande de Alemania con cuatro esferas, cada una de ocho metros de diámetro.

73 A la entrada del „Reeperbahn" se encuentra esta casita de aduana, en estilo clasicista. Este puesto de frontera, desde hace tiempo en desuso, se suprimió sólo en 1860.

74 El nombre de la calle „Große Freiheit" (gran libertad) no hace alusión a la moral liberal, como muchos piensan, sino a la libertad de religión otorgada en Altona desde muy temprano. A partir de 1601 pudieron establecerse aquí menonitas. El famoso barrio de diversión sólo existe desde el siglo XIX.

75 Todos los años, para Navidad, tenía lugar un mercado muy concurrido, en el que se podía comprar desde una muñeca hasta un ropero. Este mercado se llamaba „Dom" (catedral), porque se celebrada frente a la Catedral. Desde su demolición (1804), el mercado se mudó varias veces, y hoy se celebra en un lugar llamado „Heiligengeistfeld", pero siempre bajo el mismo nombre de antes, si bien ya hace mucho tiempo nada tiene que ver con un mercado navideño. Es un enorme parque de atracciones con juegos de diversión cada año más nuevos y más costosos.

76 La estatua de Bismarck se erigió en 1906.
El „Neue Elbtunnel" (nuevo túnel del río Elba) abierto en 1974, es sólo para el tráfico motorizado. El viejo túnel puede ser transitado también por peatones. Tiene de largo 448,5 m.

77 El viejo túnel del Elba se construyó entre 1907 y 1911 por la suma, entonces muy considerable, de once millones de marcos oro. Este fue el primer túnel construido bajo agua en el continente europeo. Al lado del túnel se levanta la torre de „St. Pauli Landungsbrücken" (puente de desembarque San Pablo) con sus pontones flotantes de 685 m de largo. La torre indica el nivel del agua del Elba.

78 El „Fischauktionshalle" (lonja del pescado) fue restaurado en 1895/96. Aquí ya no se subasta pescado, pero los domingos el local se incorpora al mercado tradicional de pescado y también sirve para fiestas y mercados de toda clase.

79 Desde 1703 existe el mercado de pescado „St. Pauli", que tiene lugar cada domingo desde la seis hasta las nueve y media de la mañana. En el siglo XVIII sólo se podía vender aquí pescado; hoy, también fruta, verdura, carne, flores y los objetos más raros. Con frecuencia el público no va para comprar, sino sólo para callejear, sentir el ambiente con sus olores característicos o para tomar un desayuno en los cafés cercanos, tratando de quitarse de encima la resaca.

80 Las casas de los comerciantes, cuidadosamente restauradas, del „Nikolaifleet" (canal de Nicolás), son de los siglos XVII y XVIII y muestran la combinación tan característica en el Hamburgo antiguo de vivienda y establecimiento de negocios con un depósito en el desván. Las mercancías eran cargadas en el puerto de los barcos transatlánticos a botes chatos, que las llevaban por la red de canales a las casas. La grúa, situada en la parte superior de la fachada, elevaba las mercancías hasta el depósito.

81 Otro pequeño conjunto de tales casas se encuentra en la „Reimerstwiete"; son ejemplos característicos de construcciones con paredes entramadas.

82 Los edificios de ladrillos de la „Speicherstadt" (ciudad-depósito) siguieron modelos góticos; sin embargo, resultaron algo muy peculiares.
Donde estuvieron las casas comerciales más hermosas de la época barroca (durante la construcción del puerto libre fueron demolidas), se levanta desde 1888 la „Speicherstadt". Especialistas que viven aquí se encargan de clasificar, limpiar y controlar la entrada y salida de mercancías como café, té, cacao, tabaco, especias, alfombras, seda cruda, almacenadas en una extensión de 373.000 m^2.

84 El puerto de Hamburgo es el más importante de Alemania y el cuarto más grande de Europa. Cuando se hizo evidente que el transporte europeo de bultos sueltos se orientaba más y más hacia los contenedores, la Cámara de Diputados, en 1967, decidió ampliar el puerto para que comprendiera también un puerto de contenedores. Eso significó la necesidad de profundizar las aguas navegables y la reorganización completa de la superficie. El atracadero necesario para un barco de contenedores de 300 m de largo es de 12 hectáreas. Hoy existen tres puertos especiales para contenedores.

85 Entre barcos y mercancías: „St. Katharinen", vista desde el puerto. Sin contenedores es imposible pensar en navegación marítima moderna. El puerto suministra el mayor número de puestos de trabajo.

86 No es Amsterdam o Venecia, como se podría pensar, la ciudad europea con el mayor número de puentes, sino Hamburgo. Con 2331 establece el récord mundial.
El puente „Köhlbrandbrücke", con sus 54 m de altura, es el más alto de Alemania, y con su trazado elegante es, sin duda, también uno de los más hermosos. Une las márgenes norte y sur del río Elba. El puente en sí tiene 520 m y es de hierro, colgado de dos pilones de 130 m de altura. La calzada mide 3900 m de largo, es de cuatro carriles y está habilitada sólo para el tráfico motorizado.

87 Este rey de todos los puentes de Hamburgo fue distinguido en 1975 con el „Premio Europeo de Construcción Metálica".

88 El armador Laeisz llamaba cariñosamente „Pudel" (perro de agua o caniche) a su nuera por su cabello crespo, y así, este perro se convirtió en el símbolo de su compañía naviera.
También la escultura de la vecina Casa Globus evoca la gran época de veleros de Hamburgo.

89 El „Trostbrücke" (puente de consuelo), ya mencionado en documentos de 1266, y que recibió su forma actual en la renovación de 1888, es el más antiguo de la ciudad. Sobre él eran conducidos al patíbulo los condenados a muerte. A la derecha se encontraba, hasta su destrucción por el incendio de 1842, el Ayuntamiento.

90 Después de la gran epidemia de cólera de 1892 que exigió 8605 víctimas, se empezó a reflexionar en el Ayuntamiento sobre la situación higiénica y social catastrófica. La primera medida fue demoler los barrios de corredores largos y estrechos donde brotó la epidemia y donde cobró el mayor número de víctimas. Como ejemplo solitario de la edificación original quedaron estas casas de „Bäckerbreitergang", restauradas en forma bonita hace poco tiempo. Viéndolas hoy, no se nota que en estas casas antes se vivía en una terrible estrechez, donde todo estaba tapado con muros y lleno de corredores y pequeños patios sin luz. Hoy se respira libertad; en aquel tiempo, sin embargo, estas viviendas se erigían en medio de la fetidez y de la humedad cargada de moho.
En „Valentinskamp" se encuentran otros testimonios de arquitectura histórica magníficamente emperejilada.

92 Las fachadas aparentemente viejas de las casas comerciales fueron erigidas hace un cuarto de siglo. Son reconstrucciones de edificios barrocos demolidos mucho tiempo atrás.

93 Un par de pasos más allá de estos bastidores de película se encuentra este edificio con paredes entramadas del año 1751, que es verdaderamente arquitectura original, típica del Hamburgo del siglo XVIII. Sólo el aspecto limpio y atildado traicionan el cuidado intenso del restaurador.

94 La Escuela Superior de Artes Plásticas tuvo su origen en 1767; está en „Lerchenfeld" (campo de alondras) desde que Fritz Schumacher le consiguió este hermoso inmueble.

95 La escalera es un ejemplo especialmente logrado del arte de la construcción de Schumacher. Es ulitizada hoy por 1200 estudiantes de arte.

96 Escaleras y entradas son también una especie de cartas de visita hanseàtica: „Elbhof" (cortijo del Elba, arriba, izquierda); „Asia-Haus" (casa de Asia, arriba, derecha); „Laeiszhof" (cortijo de Laeisz, abajo): representativo, sólido, consciente de sí mismo. No se quiere presumir, pero tampoco silenciar los propios valores.

97 Y todo eso no sin elegancia: „Überseeclub" (club de ultramar). La farmacia del cisne. Esta escalera de 1911 pertenece a las más hermosas de Hamburgo.

98 Los duros bombardeos de la II Guerra Mundial no afectaron mayormente a este barrio. Las entradas, escaleras y la decoración realizada con esmero de las fachadas atestiguan trabajo sólido de artesano y aquella probidad que la burguesía de la ciudad siempre ha valorado especialmente.

99 Las fachadas de las casas generosamente decoradas son un documento del bienestar hanseático.

100 „Asia-Haus" (casa de Asia)
„Seeburg" (fortaleza marítima)
„Elbhof" (cortijo del Río Elba)
„Stella-Haus" (casa Stella)
„Biber-Haus" (casa del castor)
Atlantes en la calle „Lange Reihe" en St. Georg.

101 „DAG-Haus" (casa del Sindicato Alemán de Empleados), escultura de Ludwig Kunstmann
Escuela Superior de Artes Plásticas, escultura de Richard Luksch
La estación „Dammtorbahnhof"
„Afrika-Haus" (casa de Africa), esculturas de elefantes en el patio interior.

102 Esta casa es una factoría típica de la ciudad anterior a la I Guerra Mundial, cuando Hamburgo, después de Londres, llegó a ser el segundo puerto más grande de Europa y donde se transbordaba el 4,5 % del comercio mundial.

103 Grupo de bronce alegórico en la „Haus der Seefahrt" (casa de la navegación, arriba, izquierda)
El portal de una factoría (arriba, derecha)
„Elbhof" (cortijo del Elba, abajo).

104 El convento de monjas, fundado en 1247 y demolido en 1530, dejó au nombre „Harvestehude" y sus robles seculares. En el siglo XVIII, el poeta Friedrich von Hagedorn se detenía complacido bajo los viejos árboles. Un monumento recuerda hoy al poeta, que era conocido y muy leído más allá de las fronteras de Hamburgo.

105 A mediados del siglo pasado, en el Alster exterior, frente a St. Georg, los comerciantes erigieron ostentosas casas de campo cuyos jardines se extendían hasta el agua.

106 Casa de vivienda en „Bellevue".
Casas en „Feenteich" (estanque de hadas). Vivir aquí significa que se goza de bienestar.
Vivir aquí, en la orilla del Alster exterior y con la vista sobre el centro, es una suerte envidiable.

108 El Alster exterior ofrece muchas posibilidades para navegar a vela o para distraerse en los diversos locales de la orilla. El „Alsterpark" (parque Alster) tiene 14,5 hectáres con grandes superficies cubiertas de césped y muchos árboles añosos.

109 El „Hotel Atlantic", que como un palacio se yergue en el Alster exterior, es, junto con el „Hotel Vier Jahreszeiten" en el Alster interior, el hotel más distinguido de Hamburgo, un parador noble. Dispone de 243 habitaciones, 13 departamentos de lujo y 13 salas para actos públicos. La vista desde las habitaciones superiores es inolvidable.

110 „Pöseldorf" fue una vez la combinación de aldea y pequeña ciudad, donde todos se conocían y donde vivía la gente modesta: jardineros, artesanos, cocheros. Así fue hasta los años sesenta. El anticuario Eduard Brinkama compró casas y cocheras, que reformadas y adecuadamente amueobladas, despertaron el interés de la gente pudiente. Los ricos, finalmente, encontraron el lugar elegante para instalar sus boutiques y bares mundanos. Eso encareció todo, y los habitantes del barrio se vieron obligados a mudarse a lugares más al alcance de sus bolsillos.
En Pöselhof, hoy todo es fino y chic. Aquí, el que quiere ser considerado, debe tener dinero.
Bonitos patios interiores con cafés y cervecerías.

112 El viejo Jardín Zoológico de Hamburgo (1861 – 1930) no pudo subsistir frente al Zoo mucho más

atractivo de Carl Hagenbeck (fundado en 1907). Este tuvo la idea de mostrar a los animales no detrás de rejas, sino al aire libre, separados de los visitantes por una zanja llena de agua. Este zoo sigue siendo una empresa familiar, que debe mantenerse sin subvenciones. Cada año lo visitan un millón de personas.

113 La morsa es uno de los 2100 animales del zoo.
El Parque Municipal, con 180 hectáreas, es uno de los más grandes. El depósito de aguas se convirtió en el Planetario.

114 Dado que el cementerio cerca de Dammtor resultó ser insuficiente, la Cámara de Diputados decidió en 1874 crear un cementerio central fuera de los límites de la ciudad en un área de ocho hectáreas, cerca de la aldea Ohlsdorf. El nuevo cementerio, el primero interconfesional en Alemania, fue abierto en 1877. Se proyectó como un gran parque público y sirvió de modelo para la arquitectura de jardines del futuro.

115 Desde 1892 es posible la incineración. En el mismo terreno se inauguró en 1884 un cementerio judío. Con sus 400 hectáreas, este cementerio es en la actualidad uno de los más grandes del mundo. Muchos ciudadanos embellecen sus sepulcros con estatuas, frecuentemente realizadas por artistas de renombre. El monumento más significativo fue proyectado por Gerhard Marcks y realizado por el escultor hamburgués Hans Kock para las 40.000 víctimas de los bombardeos de la II Guerra Mundial.

116 Arquitectura moderna en Hamburgo. El nuevo „Dovenhof", construido entre 1991 y 1994 (arriba y en el medio).
En 1961 con el „City Nord", en las cercanías del aeropuerto, se han creado nuevas superficies para edificios de oficinas (abajo).

117 La nueva casa de la Editorial Gruner + Jahr se terminó en 1990. Su situación en el puerto inspiró a los arquitectos para dar paso a elementos tales como ojos de buey y borda. La torre mide 40 m.

118 El río Alster, afluente derecho del Elba, tiene 52 km. Se puede seguir su curso caminando a sus orillas o recorrerlo en el propio bote o en los barcos de la „Weiße Flotte" (flota blanca). El paisaje no parece afectado por la mano del hombre. Por eso, no es sorprendente que mucha gente visite este lugar. En su curso superior hay un museo especial de la comarca, el „Alstertal-Museum", con hallazgos de las épocas de asentamiento en el valle del río y testimonios de artesanía local. Hamburgo es una ciudad verde con bosques que ocupan más de 50 km². Al oeste de „Wohldorf" se encuentra la región natural protegida „Duvenstedter Brook" de 780 hectáreas, con muchos animales salvajes, entre ellos más de 170 especies de aves.
Barcos de la Flota Blanca recorren el curso superior del Alster. Con estas embarcaciones se puede explorar también la ciudad de Hamburgo a través de su red extensa de canales.

120 La residencia señorial „Wohldorf" se encuentra en la región natural protegida más grande de Hamburgo y es un lugar apreciado para excursiones.

121 En el lugar del castillo rodeado de agua, hace tiempo desaparecido, surgió entre 1712 y 1714 la residencia señorial „Wohldorf", que en aquella época situada lejos de la ciudad, servía de lugar de reposo para los miembros del consejo municipal y era al mismo tiempo asiento oficial de aquellos senadores que tenían a su cargo la administración de las aldeas forestales. El edificio restaurado es un ejemplo hermoso y destacado del estilo de las casas de campo de Hamburgo en el siglo XVIII.

122 El conde Heinrich Carl von Schimmelmann, ministro de Hacienda de Dinamarca, compró Wandsbek en 1779. El y su esposa yacen en el mausoleo erigido en la propiedad.
El poeta Matthias Claudius y su esposa Rebekka fueron enterrados a unos metros del mausoleo de Schimmelmann.
Desde 1600 existió en Wandsbek, gobernado desde Dinamarca, una pequeña comunidad judía, que en 1637 recibió la autorizaciòn de establecer su propio cementerio. Este se conservó en buen estado hasta hoy y fue utilizado hasta 1886. Actualmente está bajo la protección de monumentos nacionales. El gobierno de Dinamarca aplicó siempre una política acentuadamente hebreófila, por cierto, no por razones humanitarias, sino por consideraciones económicas. La comunidad judía debía adquirir anualmente por 9.000 marcos hamburgueses un salvoconducto que le garantizaba la seguridad. Los hábiles comerciantes judíos representaban para Hamburgo una competencia enojosa, y como Hamburgo trataba a los judíos de su territorio con poca simpatía, aumentaba la afluencia masiva a Wandsbek. Sin embargo, sólo en 1840 se le permitió a la comunidad tener una sinagoga.

124 „Airbus" es un producto internacional, en el cual el socio alemán – Daimler-Benz Aerospace Airbus S.R.L., con asiento en Hamburgo – participa con 37,9 %, el francés también con 37,9 %, el inglés con 20 % y el español con 4,2 %. Los primeros aviones de la empresa „Airbus" volaron en 1972. Desde entonces han sido encargados y destribuidos 1800 aviones.

125 La participación actual en el mercado mundial de la flota de „Airbus" es del 30 %; después de 25 años de actividad, es el segundo más grande entre los fabricantes de aviones del mundo. La empresa „Deutsche Aerospace Airbus S.R.L." cuenta con 22.000 colaboradores e invierte más de 700 millones de marcos sólo en el desarrollo técnico.

126 Las carreras de caballos en Horn, desde 1855, atraen a los amigos del deporte hípico y los cultores del brillo social. El acontecimiento festivo en julio tiene, por lo tanto, tradición. La primera carrera de caballos en Horn tuvo lugar el 28. 7. 1855. Desde 1861 se celebran allí las carreras de caballos de Alemania del Norte, las más importantes de todo el país.

127 Desde entonces se ha convertido no sólo en un acontecimiento para el mundo del deporte y de la cría de caballos, sino también para la vida social. En 1903 estuvo presente hasta el emperador Guillermo II. Ver y ser visto es un componente esencial de toda buena carrera de caballos.

128 La „Glockenhaus" (casa de campanas), llamada así por su torrecita de campana, se construyó como una casa de campo en 1785. Es un ejemplo típico de la arquitectura de chalets de esta región. En los años setenta se la ha restaurado con minuciosidad.

Actualmente alberga el Museo Alemán de Pintores y Barnizadores.

129 La que una vez había sido una ciudad independiente, Harburg-Wilhelmsburg, desde 1937 forma parte de Hamburgo. Los bombardeos destruyeron buena parte de sus edificios. Testimonio de la antigua grandeza es el Ayuntamiento, terminado en 1892.

130 El „Alte Land" (campo viejo) es la zona de cultivo frutal más grande de Alemania (14.300 hectáreas) y es un lugar de excursión popular en la época de los árboles en flor. Las grandes fincas denotan el bienestar de los campesinos.

131 La iglesia „St. Pankratius" (San Pancracio), de 1687, se encuentra en Neuenfelde (campos nuevos), que desde 1937 pertenece a Hamburgo. En esta aldea nació en 1648 uno de los constructores de órganos más grandes: Arp Schnitger, creador también del órgano de „St. Jacobi" de Hamburgo. Entre las iglesias aldeanas de Alemania del norte, „St. Pankratius" es una verdadera joya.

132 El castillo de Bergedorf tuvo una historia muy accidentada. Desde 1946 alberga un museo regional.

133 La estación más vieja de Bergedorf y una de las más antiguas de Alemania: fue inaugurada en 1842.
Figuras en „Stadt Hamburg" (ciudad de Hamburgo), el restaurante más antiguo que aún existe (construido en 1550).

134 La fértil comarca se convirtió en la más extensa región de cultivo de hortalizas de Alemania y aseguró el abastecimiento de Hamburgo. Aquí se cosecharon en 1746 las primeras patatas. Como en todas partes, aquí también casi desapareció la indumentaria típica del lugar; sólo se la usa en ocasiones especiales.

135 „St. Johannis" (San Juan) en la localidad de Curslack con la torre característica y el interior barroco.
„St. Nikolai" (San Nicolás), en el pueblito de Altengamme, es una alhaja entre las iglesias rurales de la región. Fue construida en el siglo XIII.

136 Estas iglesias aldeanas sorprenden y encantan a todo visitante por su pintura o marquetería. Todo revela un modo de pensar genuino de artesano y el cultivo cariñoso de las costumbres. Son únicos en toda Alemania los portasombreros de hierro forjado en los bancos donde se sienten los hombres. Los sombreros de copa alta debían guardarse en algún lugar, y para eso se han hecho estos soportes. Están adornados con los escudos de Hamburgo y de Lübeck, unidos amistosamente con el águila doble, pues desde 1420 hasta 1867 esta región, llamada „Vierlande", fue administrada conjuntamente por estas dos ciudades hanseáticas a la más plena satisfacción de todos los participantes. En 1867 Lübeck vendió su parte a Hamburgo por 200.000 táleros prusianos.

138 El río Elba en su curso sureño, por „Moorwerder" (isla cenagosa), el paisaje característico de pantanos. Cerca de aquí, en „Neuengamme", el régimen de Hitler en 1938 instaló un campo de concentración donde trabajaron, bajo condiciones inhumanas, 106.000 prisioneros. La mitad murió a consecuencias del agotamiento, epidemias, malos tratos y ejecuciones.

139 Veinte años más tarde se erigió aquí un lugar conmemorativo para las 55.000 víctimas; luego se le agregó un centro de documentación.

140 Dos centauros que luchan por un pez: la fuente simboliza la rivalidad entre Hamburgo y Altona, que es mercado tradicional de pescado.
El Ayuntamiento Nuevo de Altona se construyó en 1898.

141 Desde la introducción de la subasta del pescado en el puerto de Altona (1887), el comercio de pescado se convirtió en el sector más importante de la economía de Altona, más aún desde que se hizo posible transportar pescado a grandes distancias en vagones o camiones frigoríficos.

142 El Museo de Altona posee una colección de 37 mascarones de proa, esculturas surgidas en el siglo XVI que adornaban el bauprés de los barcos. Esta figura representa a Talía, musa de la comedia, que en su mano izquierda sostiene una pandereta. Como en el caso de la mayoría de los mascarones conservados – existen aún unos dos mil en colecciones privadas y públicas – no sabemos a qué barco pertenecía esta Talía ni el nombre de su escultor.

143 La calle más hermosa de Altona, la „Palmaille", surgió en 1639 para servir de cancha a un juego medieval muy popular. Su sello clasicista se lo dio entre 1796 y 1805 el arquitecto danés Christian Frederik Hansen, que construyó aquí nueve casas. Su sobrino completó su obra con diez casas más.

144 La residencia campestre de Salomon Heine en „Neumühlen" (molinos nuevos), difamada por su sobrino, el poeta Heinrich, como „castillo de afrentas", fue demolida hace tiempo. Sólo sigue en pie la casa del jardín, que hoy es el lugar conmemorativo de los dos Heines, el banquero y el escritor, unidos con mayor afecto en la gloria póstuma que en vida.

145 „No conozco ningún lugar donde un poeta muerto pudiera estar mejor enterrado", como Klopstock, escribió Heine, que conocía muy bien el sepulcro en cuestión, en el cementerio de la „Christianskirche", cerca de la propiedad de su tío. El 14. 3. 1803 fue enterrado aquí Friedrich Gottlieb Klopstock con una pompa que no se volvió a repetir con ningún otro autor alemán, ni antes ni después. Más de diez mil personas siguieron el féretro desde Hamburgo, doblaron las campanas de todas las iglesias, los barcos en el puerto pusieron las banderas a media asta.

146 „Övelgönne" significa, del alemán „übles gönnt", que el lugar „sólo concede lo fastidioso" y se refiere a que en el siglo XVII aquí hubo un barrio industrial. Con la decadencia de la captura de ballenas desaparecieron los cocederos de aceite de ballena, que apestaban. Primero se establecieron los pescadores y los prácticos del Elba, luego los habitantes ofrecieron sus casas para veranear a los ricos de Hamburgo. Hoy, aquí está una de las calles preferidas de paseo.

147 Es difícil imaginarse que a principios de siglo pasado „Neumühlen" fuera un oasis de tranquilidad y recogimiento. El puerto se extendió, y en vez de los veleros silenciosos, hoy pasan por aquí barcos con contenedores.

148 La „Landhaus Brandt" (casa de campo Brandt, llamada así por su propietario) en la „Elbchaussee" (camino del Elba), cuenta entre las villas más hermosas de esta calle. Brandt, un armador rico, pasó buena parte de su vida en Rusia. Después de la II Guerra Mundial, la casa fue abandonada hasta que llegó un hombre de refinado gusto artístico que la restauró.

149 La casa de campo del comerciante y reformador social Caspar von Voght, construida en 1794. La „Halbmondhaus" (casa de media luna) fue antes cabelleriza.

150/51 La „Jenischhaus" (casa de Jenisch) se construyó entre 1828 y 1834. La escultura de madera „El encuentro", de Barlach, se halla en la casa-museo Ernst Barlach.
El senador Martin Johann Jenisch el Joven hizo construir la casa de campo clasicista. Desde 1939 está en posesión de la ciudad de Hamburgo y es una filial del Museo de Altona. Documenta el desarrollo del estilo de vivienda en Hamburgo. Delante hay una copia italiana en mármol de la Venus de Medici; en el medio, „Bañista", del escultor sueco Byström. La reconstrucción de esta habitación proporciona una buena impresión del aspecto de un salón hamburgués alrededor de 1830.

152 Los múltiples estímulos que recibió el comerciante hamburgués Caspar von Voght durante su viaje a Inglaterra, le despertaron el deseo de crear algo semejante en su patria. Por eso compró cuatro fincas para convertirlas en un parque, que debía satisfacer también la sensibilidad estética con grupos de árboles, florestas y agua.

154 Johann Cesar IV. Godeffroy (1742 – 1818) hizo establecer un paisaje de jardín admirado por sus contemporáneos. Rodeado por árboles seculares, se encuentra allí la casa de campo de Godeffroy, llamada „Hirschparkhaus" (casa del parque del ciervo). El nieto del constructor, Johann Cesar VI. Godeffroy (1813 – 1885), hizo reforestar la propiedad e instalar un coto. Desde 1924, el parque está abierto al público.

155 La casa del parque del ciervo, construida entre 1789 y 1792. En esta casa funciona hoy una escuela de ballet.

156 El comerciante Peter Godeffroy compró en 1789 el solar de la Elbchaussee 547 e hizo construir allí una hermosa casa de campo, llamada „Weißes Haus" (casa blanca), rodeada de un parque en el estilo de los jardines de paisaje ingleses.

157 Como en casi todas las casas de campo hacia 1800, la mayoría de las veces sólo habitadas en verano, la planta baja se reducía a habitaciones representativas, que, con frecuencia, era escenario de magníficas fiestas o de recepciones distinguidas. El piso superior se reservaba para la vida privada de sus propietarios. El comerciante hamburgués apreciaba el clasicismo influido por Francia, pero prefería la arquitectura de interiores inglesa, inclusive los muebles. Ambos estilos no se excluían.

158 La iglesia del pueblito de „Nienstedten", construida con paredes entramadas, tipo rural, fue consagrada el 16. 5. 1751 con una cantata festiva de Georg Philipp Telemann. Buena parte de la crema de la sociedad hamburguesa se casa hoy aquí, y por eso se la llama „iglesia de casamiento".

159 La casa construida por sus amigos para el poeta Richard Dehmel, en la cual vivió el poeta hasta su fallecimiento, acaecido en 1920, hoy lleva la siguiente dirección: calle Richard Dehmel, N° 1. Está en Blankenese y se encuentra bajo la ley de protección de monumentos.

160 El testimonio más temprano de una construcción en Blankenese (nariz de monte blanca) parece ser la fortaleza edificada a fines del siglo XI. Como aldea se la menciona por primera vez en 1302. Aquí existió una comunicación importante por transbordador con la orilla opuesta que se encuentra en Baja Sajonia.

161 Blankenese ofrece una impresión sorprendentemente intacta con muchas casas viejas de paredes entramadas bien conservadas. En estas casas se puede vivir y dejar vivir. En Blankenese, así parece a veces, el tiempo corre algo más lento, pero, en cambio, tanto más intenso.

162 En la orilla de „Falkenstein", con el amplio panorama del Elba, existen aún zonas que parecen vírgenes. Y desde que hay mucho espacio libre, los amigos del golf encuentran su césped.

163 En el siglo XI hubo una fortaleza encima del monte llamado „Süllberg", de 76 m de altura, en Blankenese. En 1837 funcionó allí una industria lechera. En 1887 se instaló un restaurante con un panorama incomparable sobre el Elba. Finalmente tuvo que cerrar y ceder su sitio a una casa de apartamentos de lujo, mucho más rentable.

164 La casa de campo „Michaelsen", construida en 1925, pertenece a las más hermosas de Hamburgo. Es un testimonio perfecto de la „nueva manera de construir", hecha de ladrillos blancos. Su forma decididamente cúbica anuncia la influencia de la „Bauhaus", de Dessau. Desde 1986 alberga el museo de muñecas „Falkenstein", de Elke Dröscher.

165 El museo expone muñecas de los últimos dos siglos. Los juguetes de antaño, hace tiempo se convirtieron en objetos de colección codiciados.

166 Hamburgo consiguió en el siglo XIV la autorización de construir una torre sobre una pequeña isla en las aguas bajas del Mar del Norte, frente a la desembocadura del Elba, para suministrar señales de fuego a los barcos y para socorrer a los náufragos. La torre actual es de 1377, y es la construcción más antigua de Hamburgo. En marea baja pueden transitar aquí coches tirados por caballos. Y si bien está lejos – a casi 120 km de distancia -, esta isla y su torre pertenecen a la administración de Hamburgo.

167 Agua, viento y nubes: a pesar de las motolanchas y los barcos de contenedores, la verdadera vivencia sobre el agua se asocia todavía con la navegación a vela, con el ruido del viento y del agua y el olor del mar, que aquí ya se puede adivinar. Si bien el escudo de Hamburgo muestra un portal cerrado para proteger a sus ciudadanos, la ciudad se consideró siempre como „Puerta al mundo", y así fue Hamburgo en su historia de más de mil años.

Traducción española:
Dr. Tomás Stefanovics